思想觀念的帶動者

文化現象的觀察者

本土經驗的整理者

生命故事的關懷者

Holistic

探索身體，追求智性，呼喊靈性

攀向更高遠的意義與價值

是幸福，是恩典，更是內在心靈的基本需求

企求穿越回歸眞我的旅程

拆解自我認同迷思，成為真我的深練習

IDENTITY TRAUMA

Deep Practices to Unravel Self Identities and Become Who You Come to Be

王曙芳 著

Morphis 攝影、繪圖

目錄

第二部 拆・解自我認同——方法篇

第三部 那麼，我是誰？——天問篇

推薦序一

認回創傷事實，但不要去認同創傷的標籤

周志建（資深心理師、故事療癒作家）

很多人都把「認回創傷」與「認同創傷」這兩個概念給混淆了。很高興曙芳寫了這本書，讓我有機會把這兩個概念一次說清楚。

多數人都不敢面對自己的創傷，習慣逃避、否認（因為怕痛或愛面子），但我必須說，如果你不面對創傷，你就無法去療癒你的創傷。

要如何面對創傷？我的臨床經驗告訴我，就是「好好說故事」，透過敘說、去「認回」過去自己被暴力虐待的事實與經驗。

但請注意：**「認回」你的創傷事實、並不等於要你去「認同」創傷的標籤。這是兩回事。**

就如同，認回自己是童年創傷的受害者，但不等於你一輩子都要當受害者。

反之，唯有當你認回創傷，你才能從「受害者」的角色轉身，成為自己生命的「拯救者」。認回創傷、面對真實的自己，才是療傷的第一步。

我很同意本書中所談的「**認同與創傷互為因果**」概念。

小時候父母、大人等權威者對我們的影響真的很大，他們隨便開口一句話就會把我們搞得天翻地覆、自尊心打落一地，感覺像是面臨世界末日一樣。

想想看，小時候你有沒有被這樣的語言中傷過？

「你是一個沒有用的人」、「這輩子你注定沒出息」、「長這麼醜沒有人會喜歡你」、「你這個白癡」、「本來不要生你的、你是多餘的」……。

這些批判語言就像重重的一拳，將年幼的你打得暈頭轉向，不是嗎？

這些暴力語言就像一根「毒針」一樣，不僅深深刺痛你幼小的心靈，更慘的是，這些話（毒針）還會伴隨我們長大，繼續折磨你（因為你一直緊抓這些負向標籤），叫我們痛苦一輩子。

我明白：小時候那個小小孩並沒有能力保護自己，我們只能傻傻的待在那裡接受大人的暴力語言。但別忘記了，你現在長大了，你是有能力保護自己的。

所以，你現在該做的事是：**拔掉那根可惡的、不屬於你的毒針，好好為自己療傷**。

但我也知道多數人都辦不到。因為我們對毒性語言的「認同」如此頑固。

這意思是，小時候是別人射毒針給你，但長大以後，卻是你拿著那根毒針反覆地刺痛自己。所以我常說：小時候是別人虐待你，但長大後，那個虐待你、對你施暴的人，其實就是你自己。

人何苦如此自虐呢？

沒辦法啊，誰叫你要過度「認同」以前別人刺在你身上那根毒針（毒性語言）。

當然我也知道，你也想擺脫卻擺脫不了，是不？

那怎麼辦呢？

這本書會教你如何去看清楚你的**「原型認同」**（就是我所說的「毒針」），去找到那根傷害你的毒針，然後狠狠地、用力地、拔除它。

對了，順便在此提醒讀者一件事：

小時候父母罵你、向你發射毒針，其實那根毒針多數都是父母自己的，不是針對你。這是什麼意思？

意思是：當父母罵你是一個沒有用的人時，其實他是在罵他自己。他內心真正的聲音是：「我很生氣、我是一個沒有用的人」。他把他對自己的批判「投射」到你身上了，如此而已。

所以，麻煩你，行行好，別再拿著父母的毒針猛刺自己了，這是自我虐待。

請跟自己說「夠了」。

請記得，你不等於你父母，而且你不需要去認同他們的暴力語言及行為。

看清楚那根毒針，然後拔出來、還給父母。把不屬於你的東西，還給別人，請不要隨意承接，否則就會變成書上說的「創傷與認同互為因果」、不斷惡性循環。

認回創傷，但不要認同創傷標籤。不要再拿當年的創傷來懲罰自己了，因為那不是你的錯。

現在起你可以做的是：好好閱讀這本書、去療癒你的創傷，然後把自己愛回來。

過去的創傷不是你的錯，但此刻，療癒創傷卻是你的責任。

推薦序二

從能量心理學開始，看見我們難以認清的自己

王浩威

一位個案來到我的門診，是一位相當有成就的男性，在經過詳細的會談以後我告訴他，要考慮憂鬱症的可能性。他立即反應道：「可是我沒有感覺到任何憂鬱的情緒呀！」我這樣回答：「想想看你玩的遊戲吧！有些遊戲設定的角色是會有能量指數的；你不要把憂鬱症想成情緒上的憂鬱，而是說你這個人最近的能量指數普遍地下降了，你已經不像過去那麼的能量充沛而幹勁十足了。」

能量心理學這樣的名詞，可以說十分新穎，但也是十分古老的。

在西方，早在古希臘時期就有能量這個詞，ν ρ γ ε ι α，目前最早的記載是在公元四世紀亞里斯多德的著作中。當時，能量是一個定性的哲學概念，是和幸福和快樂等狀態相關的。後來，萊布尼茲對生命力的看法，帶出了能量守恆的概念。到了現在心理學的起源，恩斯特・布呂克（Ernst Wilhelm Ritter von Brücke, 1819 - 1892）這位影響佛洛伊德甚為深遠的老師，提出了「心理動力學」的概念，將熱力學第一定律（能量守恆）應用到生理學上，認為所有生物都是能量系統，也受此原理支配。他提出這理論是於一八七四年任教於維也納大學時，在他的生理學講座中就採取了這個在當時十分激進的觀點，亦即生物體是一個

動態系統，而化學和物理的定律是適用於該系統的。佛洛伊德這一年，是坐在台下的一年級醫學生。

佛洛伊德在一九二三年一篇算是總其理論之完整結構的文章《自我與本我》裡，認為本我是人格欲望的源泉，因此也為心智提供動力的心靈能量。佛洛伊德將力比多定義為本能的能量或力量。他後來又添加了死亡驅力（認為是本我的一部分）作為精神能量的第二來源。同樣的，一九一三年與佛洛伊德分道揚鑣的榮格，之後也不斷地提到能量這個字。榮格甚至在一九二八年發表了一篇題為《論心靈能量》的開創性文章，在文章裡他聲稱相關的能量觀念是俄羅斯哲學家尼古拉斯・格羅特（Nikolaus Grot）先提出來的。

同樣的，在中國也許沒有很直接的用能量這個字，但另外一個更頻繁出現的用詞，也就是現在一般華人普遍接受的觀念——「氣」，其中就有相當強烈的能量觀念。至於能量心理學的觀念，在華人世界，就像心理學這個專業一樣，確實是來自西方的影響。然而，西方現代的醫學則是受到了東方能量觀念的影響，才開始有了能量醫學的觀念；而能量醫學如今成為聯合國世界衛生組織所承認之另類醫療的一支了。

就像我前面提到的個案，即便是高等的知識分子或是高成就人士，因為太少去覺察自己的情緒狀態而失去了很多表達自己情緒的語言能力。但若以能量這樣的詞語來解釋他們的狀況，他們確實很快就可以理解而接受。

當然，王曙芳這本書所提的能量心理學，並不是來自於通俗的心理概念，而是在六〇年代以後慢慢發展出來的新的心理學和心理治療的思想和流派。九〇年代，曙芳結束中時晚報的副刊編輯工作，到倫敦學習音樂學。身為她副刊時代專欄作者的我，因為同樣喜歡那些當代歐洲音樂而一直有著聯繫。沒想到幾年以後她開始涉足能量心理學了，因此有許多的分享和交流。就這樣，謝文宜老師和我，成為她在能量心理學學習過程當中，在台灣最常交流的對象之一。

她在這個領域沉浸了十來年，開始在倫敦自己從事臨床的工作，便成為我們心理治療的同行了。這時，我們也鼓勵她在回台灣的時候，開始進行一些小型的工作坊。就這樣，隨著她的心理工作的進展，慢慢也就從倫敦搬回到台灣，最後定居在台東都蘭，一個充滿能量的場域。這整個過程當然是十分複雜而充滿故事的，只是這一切若能聽曙芳自己說起，會是特別有意思的。

二〇一四年，她在心靈工坊出版的《原能量：穿越時空的身心療法》，可以說是正式將能量心理學引進台灣的里程碑。她從自的故事開始談起，透過她在能量心理學各個流派的學習過程，將能量心理學各種系譜的發展，逐一介紹給台灣的讀者。

隔了這麼許多年，她又寫出了另外一本新書《認同創傷：拆解自我認同迷思，成為真我的深練習》。這本書已經不是單純介紹能量心理學了，而是從她這二十多年來心理工作中所萃取出來的思考和分享。這是相當難得的經驗，是對我們所生活的世界的深入觀察，也是對我們文化的陰影所提出的討論。看到了我們的文化陰影，自然也就看到我們自己最不容易認識、卻綑綁住我們的那一面！

自序
謝謝你守護自己

「放心，你只要做自己，總會有一天未來的你會稱讚你，會謝謝你守護了自己。」鹿藤在夢中對著小時候那個與世界格格不入的自己這麼說。（日劇：《初戀的惡魔》）聽到這句對白，我的心振了一下。我是否有好好守護自己？

「我是誰？來這裡做什麼？」我記得在國中時，天天推著自行車，行經台南神學院幽靜的林木，腳下的落葉窸窸窣窣，天地不語，心中的困惑成了我孤獨的回音。但這個問題，似乎在冥冥之中引導著我前行。

我從小和別人格格不入，獨來獨往，難以和人打成一片。國高中都是唸女校，班上總會有一、兩個特別受歡迎的人，被同學們圍繞崇拜，各自形成小星系。我是在星系之外的，自轉的星球。畢業之後，班上同學的名字立刻模糊不清，我想自己也是不會被記住的那個人吧！大學以前的日子，彷彿秋天傍晚走入倫敦街頭，漫漶著濃霧，一片朦朧。

大學因為喜歡楊弦的歌而進了台大，哪裡知道他在我入學的時候早就到美國唸書啦！後來加入劇場開始探索自己，透過不同的角色扮演，才發現原來在孤獨底下，我有難以表達的情緒，沉落成珊瑚礁，風蝕為白骨，矗立在心底。

第一次戀愛，分手之後，有整整一年在校園如幽魂，不去上課，躺在樹下想像自己的血從胸口汩汩湧出，流入泥土。傷口久久不能平復，有十多年吧！原來戀愛這麼難，分離這麼痛，所有經歷的情傷，都比孤獨艱難許多。執念過深，用情過重，更慘的是，我要求情感的純粹，在世間是不可能，我沒有足夠的成熟去接納雜質在關係中是必然也是必要的。

為了堅持自己在關係上的選擇，我讓母親傷心透頂，成為令她最期待卻也最失望的孩子。這個情感上和母親的分離，是我成為獨立的個體，所遭遇的撕裂。我不再有母親的支持，接下來的旅程，我努力守護自己認為對的選擇，在學業、關係、和工作上，遵循自己的心意。然而直到母親離世，我仍無法真的修復我們的關係。守護自己的獨立性，是要付出代價的，而且是很痛的代價。

有很長的時間，我認定自己是「讓母親失望的女兒」，這是我的原型認同。我曾經努力想要改變母親的觀念，好像如果她不快樂，我就無法真的享受快樂，這個認同底下，真正的恐懼是，母親其實不愛我，她比較愛她的社會地位和面子。分明知道我不需要為母親的執拗負責，但是想要做好女兒親近母親的那個我，卻放不下這個斷裂的連結。這個功課我做了好多年。一直到母親死去，我才真的放手。

所以，我非常感謝我所有的個案，每一個人都有他們努力想要守護的東西，只是有些時候，忘了要守護自己。希望藉由他們的故事，能夠幫助更多人走出自我認同的迷宮，好好守護自己，做自己就好。

但什麼是自己？我們以為的自己真的是自己嗎？

我認為自我療癒真正在做的基本上是兩件事：

第一件事是放下所有不是自己的東西。

第二件事是找回自己的自性和本質。

本書的第一部和第二部，想要處理的是自我療癒的第一件事。

本書的第三部，想要處理的則是第二件事。

發現自己不是什麼，以及往內心探索自己真正是什麼，兩個途徑一樣重要。

一條是否定之路，一條是肯定之路。

道理說穿了很簡單，就是這兩件事。但是執行起來，複雜又細膩，是一輩子不間斷的探索和勇敢的放下。

見山不是山，見山又是山。我們的人生就是如此，迂迴前行。

第一部

我以為的我
並不是我

敘事篇

楔子

過去幾年，我的工作當中，突然出現大量且密集的個案，這些人所呈現出來的表徵包羅萬象，從腫瘤、癌症、皮膚炎、身體疼痛，到焦慮、憂鬱、幻聽幻視，乃至被某種觀念或行為桎梏、被無力感癱瘓、找不到生命的意義、和他人的關係極度困難。 然而，當我們以能量心理學的方法進行診斷時，他們的問題根源都不約而同指向「認同創傷」。於是，我開始與這個「認同創傷」的模式，展開密集對話。了解它的各種變化，以及對人所造成的深遠影響。

當我伴隨這些人，揭開一個個深刻動人的掙扎和故事，我明白，這些故事雖然是每個人的獨特經歷，然而，它們同時呈現出整體人類心理的困境。可以說，這些臨床上呈現出來的創傷，既是個人獨特的經驗，也是集體遭遇的陷阱。

我覺得宇宙透過我的個案正在教導我一些重要的事。而這些事，如果能夠以文字表達出來，說不定會對更多人有益處。於是我開始動筆，把這些故事記錄並整理出來。逐漸的，我發現有些個案的認同創傷，是可以擺在一起觀看，他們自成一格。他們的故事披露了普遍性的認同創傷主題。

於是，我將這些故事按照主題分為 12 個篇章，主題當中也有小小變奏。這樣的分類完全是從臨床所累積的案例而來，和現有的其他人格分類體系無關。每個案例，都是許多故事的綜合體。

為了明辨認同創傷的主題，我在書中特意表現的都是受創程度比較深的案例，然而，每個主題的變奏，從程度比較輕微，到程度比較嚴重，表現的差異可以很大。有些人可能會在好幾個主題裡，都能夠看到自己的某部分面向，雖然並非全部。譬如第五章〈不能走自己的路〉，文中所舉的案例是比較嚴重的類型，個案無法為自己的人生做決定。然而，也許你的情況是輕微的：只是當你為自己做決定，違抗父母的時候就會很不安。這時候，你的原型認同可能是：「如果我為自己做決定，我就推開了父母」。

因此，書中的案例是僅供參考。大家閱讀的時候，還是要以每個主題的描述為主，來判斷自己是否有類似的認同困境，並且找出最符合自己情況的「原型認同」。

無論如何，這本書想要提供一個自我觀照的途徑，讓想要深入覺察自我的人，有方法循序漸進。

什麼是「原型認同」創傷？

「原型認同模式」這個語詞是源自於「生命中心療法」（Life Center Therapy）當中的一個深層心理障礙模式。「生命中心療法」是美國的臨床心理學家安迪．韓（Andy Hahn）所創建的一套診斷治療架構，使用肌肉測試為診斷技巧[1]，採用能量療法為平衡創傷的手法。安迪將創傷的主題區分為模式，歸納出 27 個心理障礙模式。譬如：暴力的創傷、喪失的創傷、死亡的意願、分離與分裂、被障礙的認同、原型認同⋯⋯。每個模式都有對症下藥的應對處理。

我們知道，有許多其他的心理學架構也討論「原型」，最著名的是榮格的十二個人物原型。有的治療系統是把焦點放在一個人長期扮演某

1 「生命中心療法」的前身是「自我療癒導引」（Guided Self Healing），請參考《原能量：穿梭時空的身心療法》中〈生命中心療法〉一章。

個角色而來的創傷，譬如：療癒者、照顧者、統治者……。某些企管訓練把職員的人格以孔雀、獅子、無尾熊、貓頭鷹、變色龍這些動物原型來區分。但是這本書的所指的原型，與這些都無關，出發點不是探討人格，而是探討從認同而來的創傷，進而提升自我的覺察、促成自我療癒和轉化。

因此，本書第一部的篇章，希望藉由不同的認同創傷主題和範例，讓讀者看到創傷所打造的認同，以及認同所造成的創傷。創傷與認同兩者互為因果。

原型認同不是一般的認同，而是帶著某種程度的偏執與強迫行為的「認同」。這樣的認同被創造出來，是為了幫助我們規避更深層的恐懼；它透過生活的各個層面運作著，發展出自己的生命、價值觀和信仰，讓一個人的其他身分萎縮，生命不再流動。這時候，我們反倒比較像是原型認同的傀儡，按照它的指令對境遇作出特定反應，生產特定情節。

我協助許多人拆解了控制著他們也保護著他們的認同，看到每個當事人都付出了相當可觀的保護費──也就是一個人的真我、自由與生命力。

當我們理解原型認同的作用，就更能夠明白是什麼促使自己或他人重複某些行為和情境，以及讓我們受苦的各種可能性。

發現我們是怎麼扭曲了「對自己的認同」，是一把珍貴的鑰匙，它開啟我們重新認識自己的大門，改寫我們內在驅動的程式，讓我們更有機會發揮靈魂的使命，成為真正而且完整的自己。

被忽視的小孩

如果一個人在成長的過程當中經常被忽視，渴望被愛、聆聽、關心的感覺沒有滿足，在他鼓起勇氣表達需求的時候，被照顧者推開；感受到危險的時候，需要保護他的人並不在那裡；那麼這個孩子長大之後，也很難真正地聆聽自己、愛自己和關心自己。他可能會把「被照顧者忽視」理解為「自己的存在是不重要的」，甚至他會對自己持續被忽視感到理所當然。當被忽視成為生命中的基調，很可能這個人找到的伴侶也繼續無視他的存在，將這首悲傷的樂曲繼續演奏下去。

好像，不知道在什麼時候，他失去了自己存在的正當性，必須以其他的東西填補回來。有時候這是生活中的鋌而走險，有時候這是情感中的滾動不定，有時候是非得證明自己能夠成功不可……潛意識必須以某種成就或價值來證明自己的存在，拿回生命的許可證。

他們極可能以一種獨立的外表，倔強地生存下來，甚至擁有很好的能力，讀書、工作、創業都不成問題。不過，他們心中很容易出現莫名的疏離感或焦慮感：「被拒絕」的雷達極為敏銳，別人的一個眼神、一句話都可能被他們詮釋為「拒絕」。有時候，他們甚至感覺到自己必須先推開別人，以免自己被推開而受到傷害。這個主題的當事人，內在有無法被填補的空洞，跟實際上的成就毫無關係。他們所經驗的認同創傷，經常是對自己很負面的評價。

被嚴重忽視的孩子，容易被一種無以名狀的羞愧追殺。別人給予的讚賞或誇獎，他們都收不到；他們不相信這些讚美是真心的，只覺得別人沒有說真話。

相對地，他們更擅長批判自己、盤點自己，只有聽到批評時，心裡才踏實，才感覺是真的。他們不能鬆懈，必須不斷進步，來抵抗湧上來的不安全感。然而，如果哪天意識到無論再怎麼努力，與別人的連結依然斷裂，這時候就可能會全面崩潰、頹然擺爛，陷入自我放棄或麻木的狀態。

由於預期自己不會被接納，他們多半在社交上感到笨拙。而且，自我意識（self-conscious）高分貝出現，讓他們隨時準備切斷連結，撤退回到安全的空間。這些潛意識的表現會造成關係上的困難。他們極可能在關係當中無法表達自己真正的想法或感受，重複小時候的忽略模式，被「我說什麼都沒有用」的無力感困住。

● 故事一 利用羞愧隔絕愛

溫蒂最近和情人因為一件小事而不愉快。情人和朋友談話時，無意之間冒犯了溫蒂的隱私。雖然他很懊悔而且立刻道歉，但是溫蒂心裡還是很不舒服，愈想愈氣，她的憤怒不斷延燒。她築起一道牆，把情人隔絕開來。情人傳來的問候，她全都已讀不回。之後他也就冷淡了，不再聯絡。

然而，溫蒂的內在戲劇愈演愈烈。她把對方關在心房之外，內心上演著準備分手的小劇場。溫蒂告訴自己，對方已經把愛收回，沒什麼好留戀的。她要走，他也沒有追上來。這就是不要她了。

對於自己不被「要」的感覺，溫蒂很熟悉。這個事件勾起溫蒂諸多小時候的創傷。她出現的反應其實是針對小時候的那些事件，並不是此時此刻和情人之間的事件，可是她渾然不覺。

溫蒂表現出慣常的疏離與冷漠，來對付關係中的焦慮，因為她覺得沒有被保護。她無法主動聯絡情人，或向他說明自己的感受。相反地，她以追劇、打電玩、上網來殺時間，麻木自己的感受。

溫蒂長期以來有個根深柢固的信念，以為在關係當中必須找到自己的「用處」，才能夠維持關係。如果對方不需要她，她會恐慌，覺得自己會被隨意拋棄。

她心底不相信別人會真的喜歡她這個人，願意跟她真心交往。溫蒂自我價值低落，造成她的自我意識高漲。她在團體裡會突然失去歸屬感，出現尷尬的感覺，但她的沉默可能會被別人誤解為高姿態、矜持，甚至是不屑。然而，當溫蒂內在被無價值感占據時，她的喉嚨便鎖住了，覺得沒什麼好說的，或說什麼都沒有用。這令她無法好好和情人溝通，分享她的心情。

溫蒂的內在有個小孩，一直在生悶氣。她從小到大，總覺得自己格格不入，以消極的姿態反抗全世界。

逃開自我無價值感

溫蒂心裡有個黑洞。沮喪的時候，那個洞變得更大，把她吞噬。

當我們一起工作，處理她的情感危機時，她出現了幾個「原型認同」的議題。

原型認同之一：「我是一個很糟的人，只能這樣活下去。」

原型認同之二：「我以為的我全是錯的。」

我們不難從這兩個認同看到，溫蒂是如何地貶抑自己、折磨自己。她以最嚴厲的姿態全面否定自己，而且嫻熟於自我打擊。

這兩個認同，其實都帶給溫蒂一些好處。

首先，如果她先把自己打擊到底，別人就不會打擊她。其次，她只要持續咬著這個負面的「故事」，自己就不用改變。反正，做什麼都是錯的。就繼續擺爛吧！「這一切，關我什麼事！」她很想大吼。她厭棄這個世界，也厭棄自己。

在這兩個認同的運作之下，溫蒂真正想要迴避的是自我無價值感。她的「羞愧」其實正在保護她，擋住她內在更深的恐懼。

是的，「羞愧」如同溫蒂的擋土牆。她更害怕的事情是：自己是個膚淺的人，是個只會說大話的空殼；人生沒有方向，找不到立足點，不知道接下來要怎麼活下去。她沒有能力在社會上和別人打交道。

溫蒂說：「萬一別人發現這個事實，就會同情我。」這是她最恐懼的事。因為，別人的同情只會令她更加不堪。自己成為一個沒用的人，找不到存在的價值。

溫蒂轉移自己焦慮的方式，就是告訴自己：「我起碼是個好人。」

在團體當中，她會採取賄賂的方式來維繫關係，譬如買飲料給同事或請大家吃飯。

「如果連自己都不喜歡自己，別人又如何會喜歡我？」她經常被這種感覺糾纏，對自己沒什麼信心。她說，如果別人真的對她好，她反而會視若無睹，以輕蔑的態度回應。相反地，她認為自己真正喜歡的人，都不會喜歡她。在喜歡的人面前，自己得要撐出一種姿態，很怕底細被摸透。

她與人的關係是扭曲的。

這個扭曲，是她的原型認同所造成的。

溫蒂並不喜歡這樣的自己，甚至覺得自己很難搞。她想要改變。

只能被動接受別人對自己的定義

溫蒂認為，別人若不喜歡她、對她的理解是錯的，她也只能被動接受別人對她的定義，不想多做解釋。

這個「別人」，其實「母親」占了絕大多數。

在內心深處，溫蒂一直都認為母親討厭她，覺得她是個麻煩。

回到溫蒂的童年，我們看到一個被嚴重忽視的小孩。大小事件所累積的創傷，導致她對母親憤怒，以及自我價值低落。

她小的時候，父母經常吵架，爸爸一離家就是好幾天。後來爸爸媽媽離婚，媽媽變成單親媽媽，要為生活打拚，撫養她和兄弟，沒有太多心思陪伴小溫蒂，她是個鑰匙兒童。家裡沒有人真的聽她說話，為她解答困惑。在學校，她孤單沒朋友。忙碌的媽媽很少出席溫蒂學校的活動，中午媽媽忘記送便當來，是她的日常。

溫蒂很小就學會自己的基本需求是無法被滿足的，就算告訴媽媽，事情也不會改變。老師投注的同情眼光令她更難受。

為了對付這個很深的羞愧，她學會扭曲事實來安撫自己。溫蒂告訴自己，她本來就不喜歡吃飯，也不會餓。於是，從很餓、到不餓、到全然不在乎，她的生理需求被大腦抑制了，讓她不要感受，也就比較不痛苦。

她最害怕的事是：「其實媽媽不在乎我，她忘了我的存在。」

單親媽媽無論在哪個年代都是不容易的，溫蒂的媽媽或許刻意讓自己麻木，不去感受兒女的需求，以便能運作下去，不至於崩潰。她要滿足一家的溫飽，攢錢付房租，卻無法付出時間或精力陪伴這個敏感的女兒。

溫蒂記得小時候很愛黏著媽媽說話，渴望被媽媽注意，但總是被媽媽推開。那樣的推開令溫蒂很傷心，好像媽媽不要她存在似的。

長大後的溫蒂，雖然理性上理解媽媽的艱辛，但是情感上對自己被忽視，依然難以釋懷。

溫蒂悲痛地哭著說：「也許，我的存在對媽媽是個麻煩。我不要存在比較好。」

小時候的經驗太深刻了，於是，她雖然渴求與人連結，然而心裡的黑洞讓這樣的渴求以扭曲的方式呈現出來。她也下意識地把想對她好、要靠近她的人漠視、推開，就如同媽媽當年漠視她、推開她一樣。

我們透過幾次的工作，一一化解溫蒂童年的創傷，協助溫蒂放下自我無價值感。之後，她終於能夠放下芥蒂，主動和情人聯絡，與他分享自己的童年故事。

這一次，溫蒂沒有走上老路線，斷然分手。她選擇珍惜關係，並且分享自己的脆弱。

● 故事二 因為被遺忘而自我遺忘

李莉有自律神經失調的問題，難以入睡。長期以來，她和家人的關係緊張，帶給她很大的壓力。這些壓力在身體不斷累積，形成痼疾。她的頸部無法自由轉動、肩膀劇烈疼痛、喉嚨卡痰。身體的不舒服，似乎訴說著她長年情緒的苦楚。

在我們頭幾次工作當中，李莉一邊說話一邊劇烈咳嗽，總覺得這些累積在胸口的痰，像是她長年壓抑、說不出來的話。

她一結婚就必須跟婆婆住。婆婆是高壓統治，對媳婦要求很嚴厲。

家裡的菜餚，環境的整潔，都必須一絲不苟。她至今還記得新婚當晚，天未亮就被婆婆叫醒，要她下去煮飯。婆婆老是給她下馬威，她過得戰戰兢兢。她做的菜若不合婆婆的意，就被嫌棄咒罵。

李莉和婆婆一起生活之後，感到十分窒息。婆婆甚至會限制她的行動自由，她不能自己一人出門。她失去自主性，只能扮演一個忍氣吞聲的小媳婦。

先生很孝順，一切順著婆婆，無法保護李莉。這令她心寒。

更糟的是，先生的個性和婆婆像是一個模子打造的，掌控欲強、個性急躁易怒，偶爾脾氣還會失控。李莉控訴先生幾次暴怒所犯下的罪行：翻桌、摔破碗盤、砸壞家俱……諸如此類，不勝枚舉。李莉一開始是錯愕、驚嚇，之後學會察言觀色，一切要順著先生才能自保。但是，許多憤怒被壓抑在心中。

當李莉敘述這些往事時，我清楚感到這些創傷還存留在她的身體記憶裡，她身體的各種不適是創傷後壓力症候群的表徵。

李莉就算極度不舒服，還是以婆婆或先生的意見為優先。至於，她的意見或需求，她選擇沉默。

「反正說了也沒有用！」這是她常掛在嘴上的話。家裡的事務，沒有她發言的餘地。她只有做不完的家事。

李莉心灰意冷，然而手臂卻會在夜深人靜時痛到睡不著，她的手臂想要跟她說什麼？

無論在哪個家，都沒有歸屬感

雖然結了婚，李莉並沒有歸屬感。

在夫家，她感到不受尊重，被不平等對待。然而這只是複製她在原生家庭的處境。

李莉的原生家庭重男輕女。從小，身為長姊的她就被父母告誡要照顧弟弟、凡事都要讓弟弟。她的東西，弟弟隨時可以拿去用。如果不讓，她就是「器量狹小」。

她無法為自己發聲，隨時要妥協。她的需求不重要，這是家中的潛規則。

成長在一個重男輕女、男尊女卑的家庭，是台灣許多女性的寫照。只不過由於在夫家的處境，李莉結痂的傷口才又撕開。

李莉的原型認同是：「我沒辦法改變任何人。」

這個認同帶來許多顯而易見的好處：

○ 可以迴避衝突，不必與人針鋒相對。
○ 不必去面對自己不喜歡的事。
○ 不用自找麻煩。
○ 不必去分擔別人的錯。
○ 可以隱藏自己真正的想法感受。
○ 讓自己「順其自然」。

這個認同也帶給她許多的限制：

○ 很容易放棄與別人溝通。
○ 自己的發言沒有分量，不被當一回事。
○ 意見容易被否決。
○ 無法了解對方真正在想什麼。

○自己無法被人瞭解。
○互相產生很多誤解。

害怕成為無根的浮萍

然而，這個認同所想要覆蓋的是李莉更害怕的事情：李莉恐懼自己「不被別人認同」。如果不被認同，便會被遺棄；若被遺棄，就會孤獨地漂浮在世間中，如無根的浮萍。

這個恐懼其實是一個早年創傷的縮影。李莉在東部讀大學的時候，有一次放假回家，發現自己的家「不見了」。原來是家人搬家，忘了通知她。她被家人徹底遺忘。非常失落的李莉，只好又搭火車回到東部，請求當地同學收留她。一路上，她感受到無家可歸的悲哀與被家人忽略的心痛。

李莉的故事令人心疼。家人是在怎樣的情況，會遺忘在另一座城市求學的女兒？

無家可歸的創傷，在她心裡烙印下一個很深的缺口。這才是李莉盡力想迴避的焦慮。

這事件造成了深遠的影響。

她說，對於家人來說，她是不存在的。她感覺不到家人的愛。

這種被遺忘的感覺，使她在原生家庭沒有歸屬感；在婚後的家庭，也是如此。在原生家庭，她是「潑出去的水」；在夫家，她是「外人」。

李莉的創傷，是台灣許多女性的「原型」創傷。因為害怕無家可歸，即使婚姻關係十分困難，她也無法做出決定，切斷關係。

為了不去面對無家可歸的恐懼，她的補償是不斷地刷洗廚房和浴室，以這個強迫行為來降低她的焦慮。

為了幫助李莉放下這個認同的創傷，我們進行許多能量心理療法，將她婚前在原生家庭中的遭遇，以及婚後和婆婆、先生的關係當中所遭受的壓制和焦慮，通通先撫平，讓這些創傷事件真的成為歷史，不再占據挾持她的身心。幾次工作之後，這些記憶都變得很淡，而且她也終於能夠放下上述的認同。

在我們最後一次見面時，李莉身體的疼痛已經幾乎都消失了。她和家人的關係依然有許多需要改進的地方，但至少她不再壓抑，能在第一時間覺察自己的情緒，並開始和家人溝通。即便還有很長一段路要走，但每一小步都會讓她更接近她所渴望的自由。

● 故事三 我的價值是當個「好人」

南希長期失眠，眼壓高、視力模糊、身體水腫，間雜數不清的症狀。

開始工作之後，我們逐漸發現，失眠的議題非常複雜。

首先，她是一個停不下來的人，必須一直找事做才能安心。

每天睡前都要再三盤點今天做過的事情，並且計畫明天要做的事。她會近乎強迫性地一直檢討自己哪裡沒有做好。

她的財務、婚姻、健康都出了狀況，而且情況頗為棘手。雖然名下資產不少，但因多處投資，一直要週轉資金，精神長期處於緊繃狀態，常常半夜恐慌症發作。

南希瀕臨崩潰。雖然她把自己的情緒掩藏得很好。

其實，南希能力很強、又有才華、有魄力，而且容貌十分秀麗。她擅長投資理財，直覺精準、眼光獨到，加上工作勤奮，很早就憑一己之力累積許多資產，可說是事業成功人士的典範。

只有當「好人」才能被認同

南希雖然會理財，卻不會「理人」。她不喜歡與人接觸，因此不善管理。於是，南希必須依賴別人幫她管理公司。

海外投資的店面，分明是一直虧錢的生意，南希卻放不下。好不容易裝潢好的旗艦店，才開張就碰到疫情。疫情一拖就兩年，店租還是得繳。

她許多的糾結，都跟「放不下」有關。她放不下別人，只要看到別人難過，她就想去背負那個人的問題。她也無法把工作分派出去，最後只得攬過來自己做。

她放不下自己所維護的自我形象（self-image），這些自我形象是南希的原型認同。

原型認同之一：「我必須是個好人。」

原型認同之二：「我必須找事來做，才能保護自己，證明我的存在。」

第一個認同，使得南希堅持「要做個好人」，她因而變態地要求自己絕對不能傷害別人，寧可被別人傷害。她被這個價值的框架限制住了，失去分辨力，一切逆來順受。凡事都自行擔當，不管那是不是她的責任。也因為如此，她管理員工無法是非分明。她的界線模糊，只要別人有求於她，就算心裡不願意，她也難以拒絕。

南希說她從小是個乖小孩，她就只有這個優點。如果失去了這個人格，她就什麼都沒有了。她的成績沒有弟弟好，長相不如姊姊漂亮。從小就像是個隱形人，一直受到忽視。

她乖乖地守著家，照顧所有的家人。

然而，所有的人都把她當空氣：媽媽、爸爸，甚至是先生……

被保存下來的訊息

這是南希的「故事」：

「媽媽說，我不聰明、不漂亮、不會考試。但我很乖。」
「我長大了，但沒有人知道我長大了。」
「我的成長沒有人在乎。」
「我必須麻木自己，才不會受傷。」

問題是，南希的媽媽早就去世多年了，但是媽媽的訊息被南希一直保存下來，她還是要做個很乖的「好人」。

因為無法為自己發聲，不知如何辯解或護衛自己，南希的存在感很稀薄。

然而，南希有另外一面是刻苦倔強的，不甘於只是空氣般的存在。出社會之後，她一直努力工作，還開創幾間公司。藉由不斷創業，她找到自己的存在感，在世界找到自己的座標。可是，她心裡的不踏實，不是外在的成就可以填滿的。

她帶著近乎是「原罪」般的強迫性，只要一與人家「連結」，她就不得不承擔對方的錯，收拾他們留下的殘局。她的認同使得她必須一直給予，卻無法接受，天秤嚴重傾斜。

南希的先生在小孩出生後，經常以工作應酬為藉口不回家。她不敢多問，寧可自欺，相信先生的謊言。後來先生人間蒸發，和別人在一起。南希想要訴請離婚，心裡卻十分焦慮。要分手，她就得當「壞人」。不料，在她猶豫的期間，先生不但悄悄地將自己名下的所有資產轉移，甚至連兩人共同投資的連鎖公司也被五鬼搬運光了。

即便如此，南希依然告訴我，她過去一直相信他的謊言，將來也一定還會心軟。他比她狠，她贏不了的，她不敢面對他。因為，她無法當「壞人」。

我和她的療癒工作，經常在這一點卡住。

為了和父母連結，必須接受他們對我的看法

雖然事業成功，南希並沒有因此「看見」自己的才能。她最深的

恐懼是：如果我不是「好人」，那我就什麼都不是了，那是我唯一的優點。

她下意識地將媽媽的話當成座右銘，雖然媽媽早就過世了，但是她繼續「忽視自己」。

南希的思考方式，還是個小孩子：「如果我否定媽媽的話，那我就什麼都沒有了。為了和媽媽連結，必須接受她給我的定義。」

這是令人心酸的理由。可是，南希的故事正在很多人身上上演著。我們為了連結父親或母親，不知不覺地接受他們給我們的定義。

我說：「南希，妳看不到自己有多美麗嗎？照照鏡子，妳是個皮膚白皙、五官精緻的大美女，而且妳的品味高尚。」

南希悠悠地說，她從來不覺得自己美麗，只覺得自己比不上兄弟姊妹。

南希看不到自己的優點，只能看見自己的缺點。

這就是原型認同的威力。我們看到的自己，是被認同壓縮變形的自己。

工作當中，我們發現南希其實對於自己真正的感受十分麻木，因此她無法在第一時間感受到自己的情緒反應。麻木是她保護自己的手段，讓自己不會受情緒影響。然而，她最需要先連結的是自己的心，才能夠在面對外面的世界時，有個可靠的羅盤指引方向。

好人、壞人並沒有什麼必然的標準，是最不可靠的判斷機制。南希需要先做自己，而不是以道德來管束自己的行為和決定。

擁抱內在被忽視的小孩

不論是溫蒂、李莉或南希，三個人都因為小時候被家人嚴重忽視的經驗，而在心裡烙下一個印痕──那個「無價值、平凡、被忽略的自己」，雖然，三個人表現的方式很不同。

唯一的辦法是，懷著對自己無比的溫柔與敬意，去面對這些成長過程被忽視的創傷。它們動搖了我們的存在的根基，而且這完全不是個人的錯。我們每個人都可以改寫父母給我們的訊息。凡是父母沒有給我們的訊息，我們都可以自己給自己。使用塔帕思穴位指壓療法（Tapas Acupressure Technique，簡稱 TAT），便可以重新輸入來自父母的新訊息。只有你最知道，這麼多年來，你最渴望聽到父親或母親對你說的話是什麼。

然後，我們可以對內在這個羞愧、憤怒、孤僻、麻木、疏離的被忽視的小孩，伸出雙手，緊緊抱住他／她。肯定他／她已經做得非常好了。如果他／她還是抗拒你，不信你，你就天天說，直到他／她相信你。最重要的是，你不再忽視自己，而他／她也不再拒絕你。

第二章 身體想告訴我們的事

身心症是靈魂想要前行，但身體的創傷把你拉住。

——蘇珊娜・貝爾（Susanna Bair）

我相信，身心症（Psycho-somatic symptom）的真相是有關靈魂的事。當靈魂極力想要前進，然而身體的創傷卻拉住你，導致你困在原地。身心症是這兩者之間產生極大的衝突所導致的結果。

問題在於，我們一直去處理症狀，卻沒有方法探知緣由，於是難以解套。想要以吃藥或復健去處理靈魂的事，基本上不可能。

靈魂的事，要回到心。

靈魂與身體的不協調

靈魂與身體無法協調出一種方式。一個要前進，一個要後退；一個要突破現況、要自由冒險，另一個要安全保障，從而抗拒未知。靈魂極不耐煩這樣停滯不前的生命，然而身體卻凍結原地，以它的方式在保存生命。這使得一個人的生活變得狹窄，生命力枯竭凋零。

到了一個程度，靈魂說：「我受夠了，我在這個身體裡哪裡都去不了，什麼都不能做；我想要完成的事或學習，都無法實現。」於是靈魂拋下身體離開了。

我們所指的身體，還包括身體的知覺，以及操控著身體的意識，也就是我們一般人所說的「心智」。想法或思緒對身體的影響，絕對值得省思。

大多數人都跟自己的靈魂很不熟，好像它是一個分離的靈體，一個抽象的概念。我們並沒有意識到，靈魂是自己理所當然的一部分。這個靈魂意識通常很低調，不太受注意。

一般人好像一碰到「靈魂」這個字眼，就把它歸於玄學、神祕學的範疇。我們大腦想要的事物、邏輯，所依賴的分析和理解方式，時常阻絕靈魂的運作。靈魂的願景並不是經過分析而得到的結果。

但是，如果我們能夠釋放身體裡因創傷而卡住的能量，我們和自己更深層的內在指引接軌的機會便大大地增加了。靈魂有與生俱來的渴求、傾向，以及誕生於這個世界的目的，需要去履行。然而，如果靈魂的能量被阻絕，無法使用這個身體共同合作去完成一些事，這個人就會陷入深層的絕望。當絕望持續下去，便會出現身心症。

最近這三年，我的個案裡突然出現大量的身心症患者。從我臨床的觀察和陪伴，在身心症出現的同時，往往伴隨著很深的焦慮、煩躁不安，那是一種沒有人可以幫助或瞭解的無力感。

他們的身體出現各種不舒服，就算醫師做了許多檢查，結果也只能告訴他們「你的身體沒有毛病啊」。他們覺得生氣，因為自己的內在分明有地方很不協調，卻無法證明自己是哪裡不對勁。醫師查不出來，看起來好像是自己瘋了，是心理有問題，一切都是自己的幻覺。

最後，醫師會建議患者去看精神科，精神科醫師則會開精神科藥物給他們；或是當成慮病症處理，轉介心理諮商。

身體正透過症狀對你大聲說話

「這一切都是我自己幻想出來的嗎？」許多身心症患者這樣問我，因為醫師都檢查不出毛病。他們懷疑或許自己真的沒有毛病，只是不快樂、只是煩躁、只是因為氣候太熱或太冷……

這時候，我會說：「不是你幻想出來的。你的身體極力想要告訴你一些事，令你自己很不舒服的事，但醫師還沒有找到方法去聆聽身體。」

我們可以使用別的方法來聆聽身體。這些身體的症狀幻化成許多表達：可能是特定部位的疼痛、皮膚發炎、肚子脹氣、喉嚨卡住、想吐、頸椎很緊，或是某一側身體沉重的壓力、窒息的感覺、心跳漏拍，甚至是全身無以復加的疼痛……

身心症患者的症狀，總會在我們進行諮商或對話時突然加劇，好像有人把他說話的音量轉大了，非要你聽到不可。

我觀察到，由於我的陪伴，給了他們的身體意識一個表達的機會。

我們可以把身心症的表徵當成是一種存在，一個有著自己生命的人，這個人透過疼痛、不適或身體的諸般反應來說話，因為這是它唯一能用的語彙。它正透過身體的症狀大聲地說話，希望你注意到它，成為它故事的見證。

問題是，你可以轉譯它的話嗎？你聽懂了嗎？

大多數人都是怕痛的，千方百計要迴避疼痛。尤其是當我們單獨一人的時候，更怕被疼痛所淹沒。在靜坐的時候，許多症狀會浮現，打擾你靜心。你盡量不去管它，把它當作浮雲，回到自己的靜心活動，但有些時候，它就是特別頑強、反覆出現，直到你終於放棄靜坐。

這時候，也許上網或滑手機，把自己的心思占滿，問題彷彿暫時消失，被其他的網路訊息覆蓋，成功地轉移你對身體的注意力。的確，有許多人使用這個伎倆來對付身心症，並轉移疼痛。然而，一旦轉移的對象不在了，疼痛馬上回來，甚至變本加厲。

曾經有幾個特殊的學生，每次來參加靜坐，就會打嗝，或是強烈作嘔。這些都是身體的保護機制在作用。在靜坐時，不堪回首的創傷、尚未被自己內心整合的經驗，就會浮現。潛意識藉由身體的反應來中斷靜坐，阻擋這些事件被回想起來。得要等到我們做了創傷療癒，這幾個學生才能夠靜心。

● 故事一 對身體的疼痛上癮

淑美是位畫家，她對身體焦慮到極點。倒不是因為罹患了什麼棘手的大病，而是身體長久的姿勢不良所引發的不適。她的脊椎側彎，椎間盤變形，壓迫到神經，手臂有時因而麻木、疼痛。

她想要改變和自己身體的關係，希望跟身體和平共處。但在這之前，她完全不信賴自己的身體。現在，她每天都將力氣花在關注身體的牽引和反應：肌肉拉力怎樣是適當的、怎樣是不當的？她能不能用力？用多少力？過與不及都困擾著她。她感覺身體很不協調，時刻都要注意調整自己的姿勢，認為只要一有些許偏差，她的身體就會有不好的後果，而疼痛就會隨之而來。

她脆弱極了。她的願望很卑微：「讓我跟身體和平相處。」她不敢奢望疼痛會消失。

然而，從能量測試所做的診斷來看，淑美和身體的不協調其實是更深層的自我認同問題所導致的結果。

我無法掌握我的身體

我發現淑美有個根深柢固的想法，影響了她二十年。**這個影響著淑美的原型認同是：「我無法掌握我的身體。」**

她感受到的所有不舒服，都只是這個想法影響之下所產生的表徵。說起來很弔詭，很像是雞生蛋、蛋生雞的問題。

淑美以為她說的這些，是她的生活日常。然而不是，這個認同其實正在全面掌控著她。

她在這個身體困境裡已經奮鬥二十多年，嚴重的強迫症綁架著她。

請注意，每個人都可以觀察一下自己，然後說出你對自己的描述。這個對自己的認定，如果是攜帶著「原型」一般的力量，它就如同一件我們穿慣了的外衣；我們以為的一切，都繞著這個外層的認同在運作。你的自我不再流動了。

這層外衣包藏著我們無法前進、無法自由的原因。但我們可以藉著這層外衣通往我們最隱密的脆弱。

我問淑美：「如果妳今天能夠掌握妳的身體的話，妳最害怕、擔心什麼？」

淑美回道：「那我就得全力投入要做的事。可是，我不知道我要做什麼、擅長什麼。」

她接著往下說：「而且我一旦能夠投入工作，我就非得成功不可。」

我緊抓著這個線索，一步步探索她最深的恐懼：「如果妳非得成功不可，卻又不知道自己要做什麼、擅長什麼，該怎麼辦？」

淑美面有難色，她卡住了。以下是她內在自我形成的邏輯：

「害怕要做決定往哪裡走。一旦做錯決定，就會浪費時間。」

「浪費時間的話，就會一事無成。」

「如果身體是沒毛病的，而自己還是一事無成，別人會怎麼看我、說我、評論我？」

我不放過她，繼續追問：「妳認為別人會怎麼說妳、看妳、評論妳？」

淑美回道：

「我怕自己會被看穿。我也不過如此，沒有才華，沒有能力，樣樣比不過別人。」

「我只不過是個平凡而且普通的人，沒什麼特別。」

「既然不特別，我就沒有什麼價值，不再會有人想要理我。」

淑美就癱倒在這一層層沙盤推演出來的結果，而我們僅僅是將她不自覺的想法與恐懼曝光。

這時候，她身體怎麼擺都不舒服，無比脆弱。她甚至注意到心跳似乎更微弱，不知道哪條肌肉要用力，於是她更加執著於這些細節。

讀到這裡，我們已經看到淑美的疼痛與認同的因果關係。

身體疼痛和不協調成為淑美最主要的關注，這是她用來迴避她最恐懼的事的手段，只是她並沒有自覺。真正的問題來自於，她無法接受自己僅是一個普通的、沒有才華的畫家。對她而言，如果不能是特別卓越的創作者，就毫無價值了。她拒絕這樣的自己。於是，歲月蹉跎，她無法盡力而為，也從來不曾「開始」。

許多人的一生就困在這種「只要不曾開始，就沒有所謂的失敗，也就不會失敗」的荒謬藉口裡。為了屏蔽這個心底最恐懼、也最羞愧的事，我們會採取許多的不自覺行為。

淑美的恐懼其實和她很深的羞愧有關。

淑美困惑地問:「妳說是我自己讓我這麼痛苦的嗎？怎麼會呢？」但是這個問題，在許多人身上上演著。

對於淑美而言，這個「平凡，而且不成功就沒有價值」的恐懼，癱瘓她的創作十幾年。怕做出錯誤的決定會浪費時間，於是什麼也不做。身體的不協調和痛楚，成為她不前進的完美藉口。她的人生卡在這個自我認同所造成的創傷。

忘了在哪裡看到這個譬喻，有人說，選錯了路徑，就像是你爬上了梯子，到了頂端，才發現自己的梯子靠錯了牆，這時候怎麼辦？從梯子上下來嗎？

不是。

既然你已經爬上梯子的高處，至少可以看到不同的視野，這是和你在地面不同的觀看角度。

許多人，因為太害怕梯子靠錯牆，恐懼爬上去之後，發現不是自己想要看的視野，於是一直待在梯子下方徘徊。

淑美的故事，是相當具有代表性的。對於自己的「眼高手低」，害怕真正嘗試之後的失敗，擔心發現自己不過爾爾，這樣的擔憂阻擋了許多人的「開始」，人生就如此停滯不前。

● 故事二 我是個慢性疲勞症患者

我認識奧莉薇亞時，她已經四十多歲。她是個充滿熱情和魅力的藝術家，然而長年飽受慢性疲勞症之苦。她曾經是知名管弦樂團的首席小提琴家，卻因為一次受傷，再也不願演奏。她把她的音樂夢全部嫁接在她的伴侶艾倫身上。

艾倫是位極具天分的鋼琴家。然而奧莉薇亞認為艾倫需要一舉成名，便要有最好的音樂公司來發行他的鋼琴演奏錄音，於是她一再婉拒獨立音樂製作人的錄音邀約，嫌棄他們的廠牌不夠大、名聲不響亮。二十年過去了，這個音樂夢始終沒有真的實現，因為她的堅持，艾倫並沒有任何代表性的錄音作品可以當成敲門磚。這位天才鋼琴家逐漸被遺忘了，兩名才華洋溢的樂手最後都得依靠失業救濟金過日子。

因為放不下身段，等不到他們想要的合約，最後窮困潦倒，守著一箱子錄音帶，令人扼腕。

「我是個慢性疲勞症患者。」就是奧莉薇亞的「原型認同」。

因為有著慢性疲勞症，她有絕佳的藉口，不再拉琴，不再演奏音樂，放棄音樂生涯。如果沒有這個病症，她就得被迫去面對她蹉跎了一生，沒有發揮天賦的事實。因為如果自己真的發揮天賦，就得面對她最恐懼的事：發現自己的才華不足，無法真正脫穎而出。

奧莉薇亞把這個恐懼投射在艾倫身上，導致艾倫也困住了。逐漸地，隨著歲月蹉跎，我看著奧莉薇亞浸泡在抱怨當中，夢想斑駁。倫敦的音樂界人才濟濟，代謝快速。沒有發行任何作品的樂手，不會被邀約，也少了表演機會。

許多時候，困住我們的不是別人，不是外在條件或環境，而是自己的認同和執念。對許多人而言，永遠不開始，就永遠有希望，但這希望是個虛假的安全閥：立於不敗，因為不曾發生。

● 故事三 我是個眼高手低的人

阿傑渾身是痛，他來找我尋求止痛的方法。

他的確曾是因為幾次運動意外，在兩年間反覆造成傷害。然而，該治療的毛病都治完了，也做了好一段時間的復健，但疼痛就是沒有消失。醫師很納悶，仔細檢查也找不到身體有任何結構性的問題，於是懷疑阿傑是心因性疼痛。

一開始，我們使用能量心理學的一些介入療法，處理他發生意外的創傷，以及那意外之前的一段情感，他至今仍很在意那個女孩。這些身體和心理的創傷平衡之後，阿傑告訴我，這是多年以來疼痛指數首度下降到一。

雖然好景不常，兩週後阿傑的疼痛又復發了，但這還是令人雀躍的消息。這證明了他的疼痛的確有心因性的成分，而他的身體也正在回應我們的處理方式。

逐漸地，我們發現這個心因性疼痛的根源是個認同創傷。

阿傑對於自己目前的生活，有如槁木死灰，既沒有熱情、也沒有盼望。雖然他正值壯年，才不過三十出頭，但他的火焰全熄滅了，日子得過且過。

阿傑的原型認同正是：「我是個眼高手低的人。」

這個自我認同非常普遍，大概控制了世界上至少三分之一的人吧！我身邊的個案，被這個想法困住的人就有一打。

阿傑的這個認同全面地控制著他。這個想法所帶來的好處是：

○ 永遠可以對未來抱有幻想。
○ 彷彿自己擁有尚未發揮的潛力。
○ 覺得對自己了解很透徹。
○ 不必太掙扎，接受自己就是如此，不用費力改變什麼。

這個想法所帶給他的限制就多了：

○ 心境上愈來愈蒼老。
○ 常落入悲觀的心境。
○ 沒有自信，覺得自己不如別人。
○ 無法實現任何夢想。

當我們探討這個認同底下掩飾的恐懼，我們看到的卻是他深深的自我譴責：

○ 怕自己其實是個平庸的人，沒有潛力，努力也沒有用。
○ 自己冥頑不靈，拒斥新知，沒有親朋好友願意跟他往來。
○ 最怕看到自己將要孤獨終老。

因為不想面對令他害怕的事，阿傑使用「疼痛」來補償，進一步成功地脫逃恐懼。疼痛緊抓住他的注意力，就像是先前的兩個案例，疼痛成了阿傑對抗恐懼的藥方。只要注意力放在身體不同部位的疼痛，他就可以暫時忘卻他最害怕的事。

疼痛還帶來一些方便。疼痛理所當然地阻止他出門去做任何社交活動，他有完美的藉口不與人交流。其實，他更害怕的是：如果沒有疼痛了，就更加證明他其實是個不適合相處的人，也不可能有親密關係，沒有人會願意跟這樣的他在一起。

有趣的是，在我使用介入療法平衡了阿傑說出來的這些焦慮之後，阿傑原本傾斜的身體突然就自動校正了，而且下盤變得更加穩固。

阿傑靦腆地表示，希望能在生活當中找到熱情，找到能讓自己快樂的方向與目標。雖然身體偶爾還會疼痛，然而他的眼光不再聚焦於疼痛，他開始想要好好過日子。

改變了認同，就改變了命運

從上面三個故事，我們不難看到一些共同點。身心症常常跟認同的創傷有關。

身體的慢性病或長期疼痛，有可能是心因性的。這些症狀的出現，通常是來補償我們更害怕的事物，形成一種自我保護機制。這些人雖然表面上是被身體的疾病或疼痛牽引著，然而真正控制他們身體的是一個強大的自我認同。如果我們僅是針對症狀做處置，永遠無法解套。

一旦開始選擇一條路徑，出發並且走下去，這個旅程將有太多無法預期的結果。對於這些結果，我們如果學習不去執著，就會有承擔的勇氣，以及順應改變的柔軟。如此一來，就永遠可以重新開始。

為了不再滯留原地，我們終究還是必須努力覺察，我們拚命要藏匿的是什麼？我們最深的恐懼，以及對於未來最不堪的想像，究竟是什麼？讓我們這麼痛，也要抵擋、要屏蔽的是什麼？

從上面的三個故事，以及更多我無法在這本書分享的身心症案例來看，一旦這些恐懼被曝曬、被言說，無所遁逃之下，所有人幾乎都在瞬間有了巨大的改變。你終將發現，原來自己最害怕的事並不是真的，僅僅是想像出來的。自己的恐懼是自導自演的小劇場，往往與事實無關。

如果看到自己此刻正在努力，知道還有進步的空間。我們便自由了！俗語說，命運是掌握在自己手中。更真確地說，命運是寫在自己的認同裡。改變了認同，就改變了命運。

一旦開始願意探討真相，發掘真相，身心症常常就此消失了，而之前為了逃避而採取的種種強迫性行為或上癮症，便也自行瓦解。

我們的靈魂，一直在等待我們回到心中，和祂連結。

為什麼人害怕自己是平凡的？

淑美、奧莉薇亞、阿傑這三個案例，都害怕自己的平凡。

平凡是相對於什麼的平凡？平凡的對面是什麼？是不平凡嗎？是閃耀的星星？是備受矚目？是有勇氣追求自己想要的人生？

在世俗的認定之下，平凡相對的東西是琳瑯滿目的。譬如：才華洋溢、與眾不同、社會地位、資產豐厚、眾所矚目，以及許多頭銜和斜槓人生……。相對於耀眼、突出、特別和不尋常，平凡似乎就歸於沉寂、不受注意，沒什麼值得誇耀的，是不值得期待的人生。

更往下探索，就會來到一個人更深的自我譴責：無價值感，擔心不受到尊敬，不值得活下去，不會被人接納。

歸根究柢，當我們自視平凡或不平凡，都是依賴「別人的眼光和評價」來看自己。這是把力量交給別人，彷彿別人更有分量來判斷你是平凡或不平凡。

然而，從靈性的角度來看，靈魂真正害怕的不是平凡，而是無法「活出自己的樣子」，不能「改變自己的狀態」，沒能完成自己來走這一遭的「使命」，無法「學到想學的功課」。

只要願意出發，至少過程中，我們已經學到一些啟發。我們前進了，就算繞了路，又何妨？至少可以看到不同的風景，不是嗎？

所以，如果爬上了梯子，發現靠錯牆，你至少學會了爬梯子。既然已經來到高處，不妨張望一下，享受一下上面和底下不同的視野。也說不定你將決定跨過牆，去看看牆的另一邊？

很多人害怕選擇錯誤。然而停滯不前，浪費的不僅是時間、精力，同時更消磨你所有的熱情。

樂觀要付出代價，可能會令人失望，但悲觀要付的代價更大。樂觀的人冒著失去的風險，而悲觀的人則是失去獲得的機會。

——普蘭．貝爾（Puran Bair）、蘇珊娜．貝爾

「要樂觀，不要悲觀」這類心戰喊話並沒有太大效果，真正的樂觀需要由心來啟動。奧莉薇亞、淑美、阿傑像是在蛹裡，被自己的繭困住的蝴蝶，幻想著有一天能展翅高飛，卻一直沒有勇氣

咬破纏繞自己的繭，出來看看世界的樣子。

他們的心需要被提升。如果能夠練習針對提昇心能量的向上的呼吸，或許會找到勇氣，走出安全網，張開翅膀飛翔（參考本書第三部第五章的練習一）。

第三章　受害的陷阱

「受害者」這個身分有時候會帶來致命的吸引力。

許多人對這個身分產生執念，被五花大綁，一邊痛苦掙扎，一邊卻不自覺繼續複製這個身分的行為。

於是，放眼世界，都是危險很難走出去探險。這個身分不僅令人裹足不前，也無法理直氣壯地活著，隨時要提防有新的加害者出現。好不容易打起的精神，也會曇花一現。它會窒息所有樂觀的可能。

這個身分的認同，創造出一種「不變」的狀態。我們仔細聽，就會聽到類似這樣的自我標籤，譬如：「我總是被欺負」、「不幸總降臨在我身上」、「我是無法為自己辯解的人」、「我永遠不能過我想過的生活」……

這種「受害」的感覺，出現在很多種情境中：被欺負、被瞧不起、被遺棄、被背叛、被壓榨、運氣不好，或是界線模糊、容易被人侵犯。

如果有好事降臨，這是意外，不可能持久。「受害者」，甚至不會注意到幸運造訪過他們，因為他們的目光總會聚焦在不幸、不順遂的事，並且誇大它們的效力。這個認同，令人對世界散發出一種頻率，不由自主地吸引更多的人來侵犯他、欺負他，讓「受害者」這個身分更加確立。

我有個朋友，她到哪裡旅行都會被搶劫，在倫敦、巴黎，甚至到伊斯坦堡都被歹徒盯上。她覺得世界十分不安全，她認定她「就是一個會被搶的人」，走到哪裡都會吸引小偷和強盜。

負面習性將繼續種下業力的種子

我們今天的行為，傾向於符合昨天認為自己是誰的想法，而這個行為的延續，則限制了我們改變的能力，並將我們的傾向轉化成認為事情不可改變的模式。這就是業力的本質。

——明就仁波切，《歸零，遇見真實》

對於這樣的惡性循環，明就仁波切有上述鞭辟入裡的見解。

「業力」說穿了，就是一種吸引力法則的呈現。當我們認為我們的境遇就是會「受害」，我們正在蓄意地忽略整體因果的複雜性，把它們簡化為一個概念，一個身分。這會讓「我究竟是誰」被蒙蔽，而且落入一個很狹隘的選項，我們會繼續在「受害」這件事上投注更多的精力。其實，所有的認同創傷都可以看作一個人陷入其狹隘的認同選項之後所顯化的困境。

人生中有許多經驗的確是很糟的，對我們造成深遠的影響，譬如虐待、性侵、壓迫、意外變故、重大喪失……然而，這裡所強調的是，被這個受傷的身分困住的人，即使創傷早就過去了，它的烙痕卻久久不褪。這會讓創傷事件無法走入歷史，一切宛如昨日。當事人很容易掉入對過去事件的無盡懊悔與憤怒，反覆播放某些情節，他們無法在活在當下，以此刻的覺知來洞察曾經發生的事，於是，無法截斷他們所承襲的業力。因為他們的負面習性和傾向，繼續種下業力的種子。

我在工作當中，遇見認同「受害者」的個案，比例相當高。受過傷害的人，很容易會認定自己是「受害者」，看到自己當時的委屈無能，無法維護自己。

既然有「受害者」，就會有「加害者」。這個二元對立，讓我們陷入苦境。只要我們有一天還認定自己是「受害者」，這個認定就會創造出「加害者」，我們的自我認同會拉出別人想要加害的能量。

為什麼說「受害者」這個身分有致命的吸引力呢？因為這個角色不必負責，自己的不幸都是別人造成的。這個身分會得到社會的同情。受害者永遠是正義的一方，大家會譴責加害者。受害者可以是一種保護，保護一個人有充分的藉口不必出去面對世界的挑戰。

但是，這個「受害者」的認同會帶來無盡的痛苦，非但無法完全發揮自己真正的潛力，還把自己浸泡在對別人和對自己的憤怒懊悔當中。

故事一　不能與自己和解

小艾因為心臟問題前來救助。她罹患怪病，睡覺時，心臟會突然很痛，停止運作，導致無法正常呼吸。這時，她就必須搖醒先生做急救，才能解除危機。瀕死的經驗幾乎每天都在上演，已經好幾年，醫生卻查不出原因。我看到小艾的先生滿臉倦容，長期睡眠不足的疲憊與焦慮都寫在臉上。

為了應付小艾這種突發症狀，夫妻倆學了一些能量療法，以便能急救小艾。但是治標不治本，她的健康每況愈下。

小艾每次跟我諮商時，眼睛都看著旁邊，無法正視我的眼睛。她究竟在隱藏什麼？她害怕透露什麼？

生病是「業報」？

對於許多事情，小艾都相當怨恨。最不能夠接受的事情是妹妹在癌症末期的時候，被父母趕出家門，最後在醫院過世。小艾很疼愛這個妹妹，她至今無法原諒父母。

她不只怨父母不願收留妹妹，更怨菩薩見死不救，她所有的祈求都沒有回應。小艾從小是虔誠的佛教徒，在佛教團體設立的學校上學。可是，真正面臨生死關頭，她最需要支持的時刻，她感到被她的宗教遺棄了。

「妹妹的不治之症，我如今的生病，都被歸類為『業報』。會得病，就是業報。我的宗教把人分成好與壞，如果遭遇不幸，就是懲罰，那是因為祖先的業報或前世的業報。我們不夠好，所以得到『業報』，所以被懲罰。」小艾憤怒極了。

她信仰的宗教對疾病的解釋，簡直是雪上加霜。她無法苟同。於是，她把許多憤怒投射在她曾信仰的菩薩身上。妹妹死了之後，她就離開原來的宗教團體，切斷她從小到大的信仰。這個創傷比父母給她的傷害更嚴重，導致她感到自己真的無依無靠。

她無法接受妹妹往生的事實。妹妹在癌症末期所遭受的痛苦與磨難，小艾歷歷在目，她說她不要忘記妹妹。妹妹病了許久，癌末的她消瘦蠟黃，靠呼吸器維生，每天都活在極度痛苦之中。

她被這個怨念纏繞：「我的不幸，是父母害的。」這是她的原型認同創傷。

在我們的工作中，小艾一點一滴地透露小時候遭受家暴的情形。小艾的爸爸有暴力傾向，每天回家都會打小孩。她記得小時候，聽到父親開門進來，心情就下沉，全身發抖，等著被揍。永遠不需要理由，爸爸想揍就揍，皮帶抽出來，把她打得皮開肉綻。這種事經常發生，因為小孩也逃不開，挨打彷彿是宿命一般。只要任何事不符合父親的期望，都會被打。又因為小艾排行老大，她總是被打得最嚴重的那一個。

拔掉自己的呼吸器

我們見面第二次的下午，她才告訴我，在看護妹妹的那段時間，她還有自己的小孩要照顧，必須在家庭和醫院之間奔波，身心俱疲。當小艾看到妹妹被痛苦折磨，形銷骨立，自己卻毫無辦法時，她非常自責。不忍心之下，她決定讓醫院拔掉妹妹的呼吸器，讓她離開。

「妹妹死了，有一部分的我也跟著死了。」小艾已經死去的部分，每天都透過呼吸停止再度呈現出來。

表面上她譴責父母，其實她真正譴責的是自己。懷著這樣罪惡感的她，一直不放過自己，認為是自己殺了妹妹。這個想法勒緊她的心。

對於拔管這個決定，她無法承擔。所以深夜時，她會產生錐心之痛，而停止呼吸。身為女兒和姊姊的她，想死；但是身為妻子和母親的她，想活。

終於知道她無法注視我的眼睛的原因。這麼多年以來，罪惡感將她千刀萬剮，每天都在凌遲她。拔掉妹妹的呼吸器的同時，小艾也拔掉了自己的呼吸器──跟她信仰的菩薩決裂，拒絕宇宙的大愛，有如拒絕呼吸。

如今，妹妹已去世多年，爸媽也走了，但這些年來，她放不下這些往事的糾纏，每天跟死人吵架。腦海裡重複播放的是過去和家人之間的場景。她無法全然地處在當下，陪伴她的小孩和先生。

其實小艾這個拔管的決定，可能是對妹妹最大的慈悲。一直依靠著呼吸器續命的她，沒有任何生活品質或樂趣可言。她的靈魂從肉體的痛苦中解脫了，不再受困於病痛。不過，對於身為親人的我們，很容易陷入這種不忍又不捨的兩難之中。

跟菩薩和解

我跟小艾說：「妳這樣自責，是想讓妹妹走得不安心嗎？妳還緊抓著她，不讓她前往他靈魂的下一站嗎？」

小艾聽了大哭，說道：「妹妹死後託夢給我，讓我看到她完好的身體。叫我不要再掛念她，她說她很好。但我就是放不下。」

原來妹妹早就想幫小艾，是她不放過自己。

小艾的離奇病症經過我們幾次治療之後，就消失了。絕大部分來自於她跟自己的和解，以及跟菩薩的和解。

幾次諮商中，我以能量心理學的方法介入，協助她的重點是：

○ 宗教團體和菩薩是兩回事，一碼歸一碼。宗教團體的業力說是人為的解釋，和菩薩無關，不要讓菩薩背黑鍋。
○ 讓小時候家暴的經歷走入歷史，療癒自己和母親及父親之間的創傷。
○ 和做出決定放棄治療的自己和解，那是她當時認為對妹妹最好的選擇。
○ 以對妹妹的愛懷念她，而不是以罪惡感懷念她。
○ 看到生命中，在她身邊陪伴她、守護她的人。以感恩的心生活。

最後這一點，是給予小艾的生活練習建議。放下受害者身分的她，要學習啟動新的調頻。看到生活當中值得感恩的事，不再一直專注於自己的不幸。這個新的練習，會幫助小艾創造另一個實相。

在我陪伴小艾的過程中，小艾再度敞開心，和菩薩連結，接受菩薩的慈悲眷顧。她發現菩薩始終沒有離開過她，每到緊要關頭，就會有貴人出面相助。這些人都是她的菩薩。

那天下午，她哭掉了一整包面紙。我望著她，她的眼神坦然清亮。她看著我的目光，不再閃爍迴避了。靈魂被淚水洗滌得閃閃發亮，我在她眼底看見靈魂之光。

● 故事二 沒有任何人愛我

棠棠急於改善他的金錢能量，他入不敷出，創立的網路公司最近業績滑落，股票投資虧損，海外投資還被詐騙。而且他的身體很糟，肩頸脊椎多處疼痛，重度憂鬱好一段時間了。

金錢的能量受阻，因為他的心關閉了，能量無法流動，豐盛也就繞道而行。

身邊的人終究都會背叛

深究他憂鬱的原因，才知道棠棠處於受害者模式已經很久了。

由於先天身體的殘疾，他不良於行，從小便要以輪椅代步。他無法接受自己的身體，總覺得被這個殘缺的身體綁架，非常痛苦。他一直幻想著有什麼方法能將這個身體換掉，重新來過。死亡的意願好幾次在談話中洩露，他想快點結束這一生。他說，這輩子最後悔的事就是出生。由於身體給他的種種限制，他痛恨自己的生命。

棠棠的父母十分照顧他，為了讓他比別人有更好的基礎，從小便帶他去最好的家教班補習。如果到沒有電梯的地方，父親會揹著他上下樓。母親為了解如何協助他這樣的特殊小孩，也費盡心思，和其他有類似處境的家長切磋，交換經驗。

棠棠雖然行動不便，可是非常聰明，讀書過目不忘，學業沒讓父母操心過，從聯考到研究所，一路過關斬將。

不幸的是，父母後來因故離異，他跟著爸爸生活，家庭從此一分為二。棠棠適應不良，埋怨父親對他小氣，母親對他不盡心。十年前，曾經有過難得有效的治療機會，但是父親捨不得花錢。他認為父親阻斷了他痊癒的一線生機。

後來，父親有了同居的女友，棠棠的痛苦到達頂點，覺得這女人侵犯了他的生活領域。她的許多行為棠棠怎麼看都不順眼，何況還要一起生活。因此，他更加渴望自己經濟獨立，脫離原生家庭獨自生活。

棠棠覺得自己被爸爸背叛了，卻又不得不待在這個家裡。他心裡認為背叛他的人不少，還有曾經疼愛他的學校的老師，弟弟和媽媽。

他的答案只有一個：身邊的人終究都會背叛他，他不能信任他們。

其實看得出來，棠棠的父母雖然分開，兩人還是各自照顧著棠棠的生活所需，給予他良好的經濟條件。他擁有隨侍在側的專職看護，照顧他的生活。母親經常聯絡關心他，並沒有遺棄他。然而，從他的觀點看出去的世界，並非如此。

以拒絕愛來保護自己不受傷

棠棠的原型認同是：「我身邊沒有一個人是愛我的。」

這個認同以一種絕對的否定修辭，說明他難以言喻的孤單。這個認同讓棠棠接收不到愛，也給不出愛。

這個認同帶給他什麼好處：

○ 帶給他安全。
○ 讓他自我保護意識很高，不容易受傷。
○ 可以去除別人的影響，只要思考他正在做的這件事可以讓自己得到多少好處。
○ 這讓事情變得很簡單。
○ 讓他更愛自己。

這個認同帶給他什麼限制呢？

○ 他沒有任何人可以相信或依靠。
○ 因此，他做決定的時候必須思前想後，要顧及所有的層面。
○ 導致他對別人容易猜忌，習慣性地防禦他人。
○ 他能夠使用的資源大幅減少，做什麼都無法順心。
○ 他變得很消極，無法樂觀看待任何事。

他最後說：「身邊想要愛我的人，都會被我排斥，被我拒絕。」

其實，棠棠很清楚這個認同雖然有某些好處，但是限制的破壞力更大。他精神上承受極大的壓力，而且孤絕和哀傷。

恐懼被愛他的人傷害

他說，當他想要「努力」做正面思考的時候，它們都會被攔截，自動轉彎。他無法控制他的大腦想要思考的路徑。於是，他總是回到受害者的思考模式。這就是習性的力量。

「沒有一個人是愛我的」這個認同，其實還不是棠棠最害怕的事。他利用這個認同來掩護他更深的恐懼：因為如果真的承認有人是愛他的，他就有了被愛他的人背叛的風險。對於這一點，他感覺十分脆弱、驚恐。他必須要防堵這個可能。他說，如果自己在錯誤的人身上投注心力，到頭來是血本無歸，這時候他會撐不過去。若果真撐不過去，他會就此一蹶不振，無法東山再起，墮入永恆的黑暗。

預期自己會被親近的人背叛，他將毫無招架之力，由此推演出負面的悲慘情境，這就是棠棠的受害者情結。這個認同攜帶著負面假設的最糟想像，很像一枚已經瞄準發射目標的導彈，要去毀滅所有的愛，來保護自己不受傷。

棠棠的深層恐懼，正是許多人無法進入關係的原因。

許多人抗拒愛、不敢愛、難以建立真正的關係，都是因為害怕失望、痛苦、無法面對挑戰。但如果因而不敢被愛、也不再愛人，生命殫精竭慮去防堵愛的可能，最後這個人的心會被養成寸草不生的沙漠。

棠棠孤立自己，以為自己沒有資源，只能加倍努力工作，來獲得他所渴望的成就。在他的完美主義運作之下，他的雷達設定在看見別人對他不夠好的那一點、不符合他期待的那個面向；就像一串葡萄，其中有一顆毀損，他就只專注在壞掉的那一顆，忘了其他豐腴的果實。別人的努力和曾對他的付出，他傾向於視而不見，也拒絕接收。

當一個人把宇宙給予他的善意、家人的照護，視為理所當然，心的能量被怨恨侵蝕的時候，金錢能量也隨著窒礙不通、衰竭匱乏。想要改善與金錢的關係，棠棠必須願意放下他心底的怨念、恨意，否則他將繼續吸引更多令他怨恨的人和事來與他的怨念共振。

用恨意來保護自己不受傷，最終傷害的是自己和身邊愛你的人。兩敗俱傷。

成為你想要看到的改變

當我們敞開心，可能因此容易受傷。然而，充滿活力的心才能展現樂觀的本能。假使真的受傷，心會為自己療傷。如果事與願違，也不會影響我們太久。受傷不要緊，重點是受傷之後的自我照護能力。

「你自由嗎？」這個發人深省的問題，是蘇菲學校對於想要皈依的學生所提問的重點。這裡的「自由」所指的並非是你的關係、連結、或世俗的羈絆。這裡所指的自由是：「你的心思是否已經從你限制著你的想法、信念和感覺之中解脫，而不再被它們釘在那裡？」

然而，當心中溢滿怨念、驕傲和指責，心會變得狹隘而且淺薄，看不到轉圜的餘地。許多人拒絕從別人的觀點來看事情，因為害怕失去自己的觀點。其實，當我們去接受別人的觀點，我們非但不會失去我們自己原本的觀點，還會拓寬原本的觀點。從不同的角度來審視困境，可以增長智慧，協助我們脫困。

甘地在他所處的時代，如果緊抱著受害者意識，他便只能號召到一群憤怒的暴民吧！然而，他所採取的方式是以身作則，號召眾人「成為這個世界上你想要看到的改變」。他以和平的方式瓦解了帝國主義的殘暴剝削，爭取到印度人的平等與尊嚴。

我認為道理是相通的，想要改變自己受害的處境，必須從轉化自己的內在受害意識開始，「成為你想要看到的改變」。希望被別人同理，就先成為同理別人的人；希望被愛，就先去愛人；希望獲得豐盛，就先慷慨地給予；希望自己不受傷，便盡可能對別人仁慈。

受害意識會折磨我們，讓我們縮小乾癟，吸收不到宇宙的任何養分，令我們的心變沉重。然而，寬恕可以拯救我們的心，讓我們的心恢復健康，可以吸收愛和滋養我們的事物。很多時候，我們真正需要寬恕的其實是自己，而不是你所責怪的人。

小艾放下了自責，於是心接受了寬恕的洗滌。然而棠棠還放不下他堅持的受害觀點，這個觀點繼續釘著他，讓他無法延展，難以輕鬆或自由。我等待他有一天會願意選擇自由，放開這些限制。

永恆少年少女

在愛中被支持，就是我們想要的。在愛中承接他人，是我們在這裡的原因。

——埃利亞斯．阿米登（Elias Amidon）

永恆少年與少女是在我們的社會中經常出現的原型。這個主題正在以好幾種變調出現，表現出來的方式或許不同，然而歸根究柢，都是難以相信自己可以掌握自己的人生，因而產生挫折與創傷，無法走上榮格所謂的「個體化」旅程去探索生命的意義。

○ **被嚴重忽視，一直在生悶氣的小孩。**

○ **拒絕長大的老孩子。**

○ **父母不讓他們長大的孩子。**

○ **曾經嘗試長大獨立，但中途受傷，於是停滯。**

這些無法獨立的永恆少年和少女，他們年齡其實都遠遠超過「而立」之年，甚至逼近「不惑」的歲數，然而心態依然是少女和少男，欠缺成為獨立個體所必須經歷的挑戰，害怕為自己的事做決定，並且負起責任，因此也不相信自己具備獨立生活的能力。這通常造成自信心低落。

有的情況是童年的創傷，導致和父母關係太黏膩，害怕失去連結；但是另一方面，覺得自己的存在也是父母的依賴。與父母互相依賴的關係是這個類型的人常見的困境。

也有另一種相反的情況，是父母放不下孩子，想要一直掌控小孩的生活以保護他，不信任孩子可以長大成人。親子雙方互相牽扯：父母以愛為名，手裡牢牢握著套住小孩的韁繩；小孩想要反抗掙脫、追求自由，但反抗的力量和被保護的安全相互抵銷，變得非常微弱。

這一個小孩與父母共同創造的情境，造就了許多的老少女和老少年，不想長大的小飛俠（Peter Pan），以及在許多事情上鬧彆扭的公主和王子。

這些人必須依賴著父母生活，包含物質供應、生活照料，還有精神影響；這些都是配套的。這些人的爸爸或媽媽依然會在許多事情上給意見、出點子，當事情出錯的時候，某種程度上還要幫忙他們收拾爛攤子。

這些永恆少年少女因為沒有維持經濟的壓力，工作可有可無，許多人時常便退回家裡這個避風港，生活沒什麼明確目標，心裡並不踏實，生命的夢想逐漸凋萎。

父母不放心小孩，因此小孩也不信任自己。無法信任自己的小孩，就像是被剪掉翅膀，無法自行飛翔。這些永恆少年少女其實不自覺地生著父母的悶氣，但骨子裡最氣的人是自己，他們在內心深處知道自己以成長和自由交換了保護與豢養。他們內在藏著極大的焦慮和羞愧，必須用其他的事物去補償，有些「強迫症」就是因應這樣而來的補償行為。

像是被圈養在水族箱裡的魚，無法依照自己生命藍圖的尺寸來伸展，只能把自己縮小尺寸來過日子。但我相信，自由和自主始終在夜深人靜時呼喚著他們：奮力跳出水族箱吧！

● 故事一 無法賦予自己價值

王彥缺乏自信。他說自己什麼都不會，「是個很沒有用的人」。

他的原型認同顯現出這個傾向：「我需要先被別人認同，才能認同自己。」

於是，他的眼睛總是向外探詢著別人的看法，透過別人的認同，來確認自己的對錯。

上述這個負面信念帶著詛咒一般的力量，真的把他自己塑造成一個很沒用的人。王彥覺得無法自行處理很多事，害怕未知的一切。對於複雜的事情，特別是必須跟外界溝通或協調的事情，他一概想要逃離。

其實是他的信念導致他的學習能力當機。抗壓性很低，加上害怕犯錯，使他對一切卻步。

他的原型認同是保護的措施，所隱藏的最深恐懼是：

- ○ 如果不被別人認同，自己就會被別人拋下，跟別人失去連結。
- ○ 如果被拋下，他就不得不回到父母身邊，躲到父母身後尋求保護。
- ○ 這個結果會再度證明自己真的沒有用。

所以，我們可以從這個認同底下的恐懼，看見他其實很不希望繼續窩囊地躲在父母的保護之下。他想要改變，但不得其法。

為了尋求認同，壓抑真實的感受

為了尋求外界的認同，王彥無法真實表達自己的意見，必須壓抑真實的感覺去附和別人。這導致他覺得跟外界接觸很疲累，就想退回安全地帶，把自己和外面隔絕。在工作的場合，他會刻意跟同事保持距離，因為他無法與別人自在地交流。如果有所交流，他回家後會反覆檢討自己剛才說了什麼，是否有哪裡不得體。

王彥覺得自己在太負面的時候跟人交流更是危險，很容易被人討厭。如果有人真的討厭他，王彥就會責怪自己沒有維繫好關係。所以，就算在比較不那麼灰色悲觀的時候，王彥也會選擇與他人漸行漸遠來保護自己。總之，絕對不能讓別人看到他不堪一擊的那一面。

王彥十分敏感，自我意識很強烈，容易因小事感覺受排擠或否定，覺得別人的言行都是針對他。因此，王彥沒什麼真正深交的朋友。對他而言，坦誠自己好像就會得罪別人。

在這種負面認同裡載浮載沉的他，終究只能回到父母身邊，躲避生活的真槍實彈。他抱怨，父母並不知道上班對他而言是多麼辛苦的一件事。他每天都過得戰戰兢兢，不管面對主管或同事都很緊繃。這是他內在的戰役，家人看不見。

要想改變王彥的負面自我認同，以及負面「預設值」，其實需要先協助他放下被遺棄的恐懼。

這些恐懼許多來自童年創傷。在他很小的時候，母親因為長期心臟疾病而無法陪在他身邊，他感受到的是被遺棄的脆弱哀傷。我們使用能量心理學的方法消除這些事件帶來的恐懼之後，王彥才漸漸地有辦法表達自己的意見，也開始能夠和家人說出自己的想法。

將表達自己以及被別人認同，切分開來。這是重要的練習。一旦他開始能夠真實表達自己的想法和感覺，他與家人、同事的關係便都開始好轉，上班也不那麼累了。

每個人都可以帶著尊重別人的心情，表達自己的不同意見，但也不必害怕別人不同意自己。相對地，我們也不見得要一味同意別人的說法。當彼此意見不同時，可以進一步了解對方堅持的理由。

王彥已經開始這麼做了。他其實是個貼心的人，很自然地就能體貼別人，然而在體貼別人的同時又要尊重自己、勇敢表達，正是他想「做自己」所需要的日常練習。

他要開始能夠讚美自己，看到自己的美好，停止自責的聲音。

● 故事二 不被看見和聽見

茱麗葉認為自己在家裡是不被看見、也不被聽見的，而且父母對她總是抱持懷疑和否定的態度，把她當小孩看待，不重視她的意見。

她的原型認同是：「我所努力的都不被看見、聽見，而且被懷疑和否定。」

這個認同帶給茱麗葉的好處是：

她可以理所當然地偷懶、縮小自己、不要被注意，反正做什麼、說什麼都沒有用。感覺上，這些好處都顯示她在生悶氣。

這個認同也帶給她具殺傷力的限制：

茱麗葉不會想要有好的表現，連一般性的表現也抗拒。她時常被無力感淹沒，化成一灘泥，導致陷入憂鬱。有時連起床也很困難。因為這個緣故，她會停滯在自己最低沉的狀態許多天，把自己封閉起來。

這個認同基本上是個煙霧彈。茱麗葉真正的恐懼的是：她如果真的被看見或聽見，可能會因為表達不當，得罪或傷害他人。身邊的人便會離她而去，導致她失去跟別人的連結。

而且，別人對茱麗葉過度的關心或期待，也會造成她的壓力，讓她想要抽身離去。這種時候，她希望不要被看見，才不會有壓力。

人際關係對她而言一直是很大的挑戰，親近或疏遠好難拿捏。

茱麗葉是如此在乎別人對她的言語跟觀感。在公司，她每天如驚弓之鳥，持續在緊繃狀態，吃飯、喝茶、交誼對她都太沉重。在家裡，時常因為一些瑣事，覺得自己被父母否定，便會生悶氣。悶氣如果憋太久，就如同不定時炸彈般毫無預警地爆炸，她會突然情緒失控。彷彿只能以歇斯底里的手段，她才能確保自己的感受被家人重視。

其實，茱麗葉非常渴望自己想要嘗試的事情都獲得父母的支持。只要父母對她想做的事投來一個懷疑的眼神或一句質疑，她就會受到影響，甚至想打退堂鼓。想要執行自己的計畫，變得異常艱難。

茱麗葉的行動力被過度的思慮牽制。她做每一件事都要先有周密計畫，從頭到尾在腦海裡演練好幾次。超出預期的突發狀況會令她陷於混亂；事情被誇大，情緒也被放大。

一直處於這種兩難的茱麗葉，被她的原型認同所操控，無法拿捏人際關係的距離。雖然她在表面上從善如流、個性隨和，其實骨子裡十分害怕自己被所屬團體排擠和孤立，團體的定義包括同事、家人、朋友們。她隨時在觀察周遭可能會帶來危險的人或事。

無法踏上自我追尋的旅程

曾經，茱麗葉嘗試要和父母以外的人建立親密關係，她離家和男友同居。這是她第一次獨立生活的嘗試。不幸，因為缺乏鍛煉，辨識能力薄弱，遇上不恰當的對象，被當時的情人騙光了所有積蓄。這個獨立生活的嘗試以失敗告終，她的自信和情感受到重創，導致家人更加不信任她能夠獨立自主，就連她也不信任自己。

隨著我們的工作進展，茱麗葉發現她的能量緊緊纏著媽媽，依賴媽媽。她想要一直待在媽媽身邊，不想自己獨立生活。她感覺如果離開媽媽，媽媽就會消失。

我們試圖解開她和母親之間不正常纏繞的能量臍帶時，茱麗葉有很深的抗拒。她非常擔心和母親失去連結。她對被切斷連結，手足無措。母親一不高興，就不和她說話。從小到大，這種來自母親的冷暴力一直威脅著她。

當我們探索她與母親之間的糾結，她想起了一件幼兒園時的往事。

她那時候才五歲，幼兒園舉辦家長同樂園遊會。她和其他小朋友一起參加一個比賽遊戲，比賽正在進行時，她瞄了一眼媽媽所在的地方，沒想到媽媽突然不見了，她慌了起來，手上推著的圓筒突然變得巨大沉重，她再沒有力氣繼續，只能跌坐地上哭泣。其他小朋友都完成遊戲了，只有她脆弱地蹲在原地嚎啕大哭。

茱麗葉鉅細靡遺地描述這二十多年前的往事，猶如那失去媽媽的一幕還在上演。可見得每次只要她一慌張，這個五歲小女孩就會再度出現，掌控她對事情的回應。這個舊的訊息反覆播放，讓她覺得自己什麼都不行。

我們平復了幼兒園的創傷，以及茱麗葉幾次嘗試獨立的挫敗。她終於敞開心，接受另一段感情。雖然還是充滿挑戰，但總是往前邁出一大步，有了新的嘗試。她正在累積自己的經驗，讓經驗化為學習，長出力量。

●故事三 我是個讓別人失望的人

小紀打過許多零工，便利商店店員、泊車小弟、超市售貨員、麥當勞工讀生，他都做過。其實他非常聰明，曾經先後考上幾所大學，卻都無法完成學業。只要一入學，發現自己沒有很喜歡系上的課，他就迅速退出，絕不戀棧。

我認識他的時候，他正在準備第 N 次的大學入學考試。

小紀第一次讀大學時，是選填父母為他指定的財經科系，但他毫無興趣。小紀的雙親就如同許多父母一樣，認為孩子唸財經比較有前途（錢途）。但是，第 N 次考大學時，父母已不敢再干涉，因為他已經是老少年了！這次，他決定要選擇自己喜歡的藝術人文科系。

由於父母的工作關係，小紀的童年在國外渡過。他說那是他最快樂的時光，天堂一般的歲月。爸媽會花許多時間陪他玩，他成績不錯，上課也沒有什麼壓力。但是回國後，父母工作愈來愈忙，他成了被忽視的小孩。語言隔閡，加上沒有朋友，功課怎麼樣都跟不上大家。小紀開始自暴自棄，好像怎麼努力都沒有用，他乾脆放棄。他內心覺得屬於自己的快樂被父母奪走了。

後來爸媽感情出現危機，鬧離婚，他非常害怕自己會成為家庭破碎的兒童。

上高中住校時，因為室友的連累，他被一幫陌生少年尋仇，他們原本要找的人不是小紀，他卻被毆打和羞辱來洩恨。這禍從天降的創傷，並沒有得到平反，打他的人沒有被學校懲罰。小紀一方面憤恨不平，另一方面變得十分退縮，不去上課，導致高中被退學。

父母急著想要幫他復學，卻沒有真正了解小紀所經歷的創傷還在折磨他。於是，他小時候被忽略的創傷再度被撕裂。父母親對他失望透頂的眼神刺穿他的心。

他後來不斷地考上大學，又退學，潛意識以此來懲罰父母，要他們的希望一再地落空。但小紀真正蹉跎的是自己的人生。

小紀的原型認同為：「我是個令別人失望的人。」

他說，反正已經是令人失望，就不必努力，不用負責，繼續逃避自己不想面對的事、不想面對的人。

如果被遺棄，就無法存活

然而，小紀真正無法面對的是對自己的失望。他說，一旦意識到自己犯的錯、所浪費的時光，他會想要自殺，結束自己無意義的生命。

這個認同令他充滿無力感，難以維護自己的界線；他無法達成自己對朋友的承諾，對什麼事都是隨便的態度。這個認同抽乾他所有的意志力，讓他癱軟無力。他難以追求目標，不相信自己可以達成什麼理想。

然而，這個認同想要保護的是他最恐懼的事：如果他無法修補父母的關係，他就會被父母遺棄。到時候沒人養他，他就會死亡。

這種無法存活的感受，加上歷經跨國文化的隔閡，帶給小紀很深的焦慮。

為了迴避這件事，他利用「貶低自己或貶低別人」的強迫性行為，讓自己轉移注意，不必面對他所恐懼的事，也因此把焦點放在指責別人上，譬如：我現在會變成這樣，都是爸媽的錯。如果他們當初不搬回台灣工作，如果不把我送去那間學校，如果我大學的志願不是聽爸媽選填財經……懊悔責怪的名單很長。

這些恐懼都是早年的創傷和遭遇所留下的陰影。當我們進行能量心理學的介入治療，施作 TAT（塔帕思穴位指壓療法）和 TFT（思維場療法）之後，小紀身上的恐懼很快就蕩然無存了。小紀說，他現在知道就算沒有父母，他也能夠存活。他已經不是當年的男孩，或是被陌生人找碴的出氣筒。

我們一起工作了幾次之後，小紀果然順利考上他真正想念的學校和科系，現在開開心心地當學生。這次是他為自己做的選擇。他想要練習相信自己，就必須完成對自己的承諾。

凍結在自己的脆弱裡

從上面三個個案，可以看到一個人由於早年生命中的遭遇，凍結在自己脆弱、無法獨立存在的感受裡。這種感受深入骨髓，繼續在日後的成年情境裡重演同樣的情節。這時候，只要能夠爬梳導致他們如此脆弱的原始創傷，就能消弭對自己負面的認同以及潛藏的恐懼。

然而，改變依附（attachment）的習慣需要更長的時間、持續的自覺，加上有效的自我練習，才能斷開一個人和依附的對象之間的能量糾纏。一個人是否有意願改變，願意找回自己和自己的連結，是關鍵要素。

想要斷開這種與依附者之間的能量臍帶，有一個很棒的方法，就是本書第二部所介紹的「切斷能量臍帶」（參見第212頁）。當依附比較嚴重的時候，可能需要持續練習一段時間，才能夠戒除不當的依附習慣，這有點像是在對付上癮行為的癮頭。

不過，永恆少年和少女能夠存在的首要條件，是父母為他們提供了一個優渥舒適的避風港，導致他們遇見挑戰時容易退回熟悉的舒適圈，喪失找出前進方法的動力。或者，就像是小紀這樣，想要退回舒適圈時，發現曾經以自己為中心的天堂不在了，進退兩難。有時候，原先的避風港沒了，這個人會去找下一個避風港，可能就會陷入不當的關係，譬如：隨便結婚，找個可以依附的人，或是加入幫派。

此外，解開這型困境的關鍵，在於他們所依附的對象或父母也要有所警覺。他們要能允許這些少年少女犯錯，學習自己收拾爛攤子，承擔自己的選擇，幫助他們培養出勇氣與自信去面對日常挑戰。這比起每次直升機空降代替他們做危機處理，更珍貴一百倍。

如果你是那個總是幫女兒或兒子付卡債的爸爸或媽媽，你已經創造出他們依附的情境。他們如何能夠離開你而進入另一段親密關係，如果他們沒有能力為自己的行為負責？

因為愛一個人而來的依附，是愛所樂意付出的代價。然而，當依附超過了愛，扭曲了愛，反而讓一個人脆弱不堪，這樣的愛令人窒息並且障礙獨立思考。

 第五章 不能走自己的路

和永恆少年與少女有所不同，這些人其實很想要走出自己的一條路，活出自己的樣貌，也渴望證明自己是可以獨立生活，然而他們的父母放不下對他們的保護和控制。

恐懼失去子女的父母，以帶著焦慮的愛築起一座城堡包圍小孩，造成小孩對自己沒自信。這些不被信任的小孩子，長大後也難以信任自己，在企圖探索自己，成為獨立個體的過程中，不斷自我質疑，敗下陣來。

他們無法安身立命所帶來的焦慮和痛苦，恐怕是他們的父母難以想像的。

這些小孩體貼父母的心意，內化父母的擔憂，盡量順從父母的安排，無論是選擇學校科系、選擇工作，甚至選擇伴侶也是如此。這是華人所謂的孝順。這樣長大的孩子逐漸鈍化自己的判斷力和主導權，同時也失去和自己內在力量的連結，對很多事情都無法為自己做主。

這些人並不想當溫室裡的花朵，但只要自己單獨出去吹吹風，父母的防護罩立刻當頭落下。久而久之，他們真的以為自己只能是溫室裡的花朵。

不過，他們的潛意識其實知道這件事錯得離譜。

● 故事一 活著是沉重的課題

認識艾瑪的時候，她剛三十歲，正在為自己要不要辭職發愁，因為她無法相信自己的任何決定。

如果離開目前令她痛苦不堪的工作，去找另一份工作，結果還是不能適應的話，到時候還得離職另外再找，那倒不如現在就不要移動。然而，她覺得這份工作很無趣，還經常要加班到深夜，導致身體不好。艾瑪卡住了！

艾瑪就這樣蹉跎了一年。她舉棋不定，陷入對於未來的負面想像和恐懼當中。

她在目前的工作已經燃燒殆盡。弔詭的是，她並沒有因此降低自己的工作量，反而為了迴避自己裹足不前所帶來的焦慮，加重自己的工作，延長加班時間，每天回到家總是筋疲力竭，無法思考或感覺。

她的原型認同是：「我不相信自己所做的決定。」

無法承擔決定的後果

她上一份工作就是因為這個原因把身體搞壞，最後不得不離職。如今似乎又重蹈覆轍。

艾瑪一直勉強自己做著討厭的工作，根本的原因在於：她不知道自己真正想要做的是什麼？要往哪個方向去找工作？任何工作，她只要做一陣子就變成例行公事，乏味無趣。她對工作沒有熱情。她其實懷疑自己根本不適合做財務管理。

但如果漫無目標地辭職換工作，她並沒有把握會更快樂。她懷疑自己不管做什麼決定都不對，她不懂什麼是適合自己的工作。那是什麼感覺？

艾瑪被這種負面思維籠罩著，陷入憂鬱，提不起勁。由於精神渙散，工作沒有績效，導致她要花更長的時間才能做完手上的工作，再度陷入要把身體搞壞的惡性循環。似乎只有搞壞身體，她才能理直氣壯地從工作退出，讓身體幫她做了決定。

她讓工作占領自己所有的時間來迴避焦慮。

艾瑪的行為其實很普遍，工作的確是許多人用來迴避焦慮的方式。追根究柢在於艾瑪無法承擔自己的決定。如果做錯了決定，家人會責怪她，別人會瞧不起她。

這些「別人」是誰？其實都是無關緊要的人，面目模糊的人，集體排開來，形成「社會」的批判眼光。然而，想像這些可能的批判，她就無法做任何決定。

艾瑪覺得還是聽從母親的建議比較不會出錯。如果出錯了，就不會那麼自責，就可以怪罪母親。

然而，真正的問題來自於艾瑪有很深的自責。這些自我批判起因於一個悲傷的故事。

喪失創傷在她心中留下黑洞

艾瑪本來不是獨生女，她有一個姊姊。姊姊不僅十分優秀，也很愛護她，會教她功課、陪她玩遊戲。當艾瑪被欺負時，姊姊會挺身而出捍衛她。小時候，她很依賴姊姊。

可是，姊姊在她十一歲的時候突然生病了。在姊姊接受醫療的漫長過程裡，爸媽經常把年幼的艾瑪留在家裡，她必須自己打理一切。吃東西、洗衣服、做功課都要自己來，甚至獨自一人在偌大的家中睡覺。

艾瑪感到被忽視，覺得非常孤單。然而姊姊生命垂危，父母無暇他顧，她告訴自己不能表達任何需求，加重父母的負擔。

後來姊姊還是去世了，艾瑪頓失依靠。同時，她發現自己成為父母唯一的依靠了。她似乎必須要把姊姊的那一份也扛下來，一起活下去，生命從此變得無比沉重。

失去了大女兒的父母，對艾瑪從此極度保護。父母限制她去從事任何他們認為「危險」或「冒險」的活動。艾瑪變得沒有什麼朋友，生活經歷乏善可陳。她忽略自己的需求，來迎合父母的需求。由於艾瑪體貼父母，無力反抗這樣綿密的保護所帶來的限制。她的生命好像不是自己的，她心裡有個黑洞。

她流著淚說：「我對未來很茫然，沒有規劃。我連自己都照顧不好，我以後也沒有辦法照顧好父母。」──原來這才是她最深的恐懼，無法做出決定的關鍵在此。

她內在一直有個聲音說：「姊姊比較聰明，她才是比我更值得留在世上的那個人。她一定比我更會照顧爸媽。」

艾瑪的話令人心疼，原來她一直對自己活下來這件事懷著罪惡感。她的恐懼裡面，揉雜了喪失姊姊的創傷。這創傷在她和父母之間流竄，從來沒有平復，也不能言說。她覺得自己的生命不能自己做主，活著是為了擔負起照顧父母的責任，自我價值感低落。

活下來的艾瑪，覺得責任重大，怕自己撐不住，會讓父母再度失望。她「不能」規劃自己的未來，父母則以他們的價值觀來「保存」這個剩下的女兒，替她做出許多決定，從學校科系到工作選擇，把她當成一個小女孩。

我們先療癒艾瑪失去姊姊的創傷，之後才可能幫助她找到自己活著的意義。她不是為了姊姊而活著，也不是為了父母而活著。接下來的她，需要為了活出自己的樣貌而努力，拿回對自己生命的主導權。

艾瑪真正迫切需要的不是決定要不要換工作，而是找回內在動力，覺察自己的熱情，讓熱情引領她前往新的方向。允許自己按照自己喜歡的方式活下去，這並不是違逆父母，而是真正地為自己負起責任。她有自己對生命的渴望，等著她去完成。

這將是艾瑪接下來最重要的學習。這個學習會為她帶來勇氣與自信，讓她不再恐懼去承擔照顧父母的責任。

我們需要用能量療法打開她的選擇可能。她還很年輕，允許自己嘗試不同的工作，甚至不再限制自己只能做財務管理這一行，都是可能的。喜歡或不喜歡，凌駕頭腦的分析，這是心的範疇。她如果開始聆聽自己的感受，就有機會發現讓她願意付出熱情的工作。

決定一份工作，不需要是一輩子的承諾，這只是現階段的選擇。工作的內容和性質，會隨著我們的成長而變化。如果真的不能繼續這份工作，也可以放過自己。嘗試需要勇氣，失敗或成功都無關緊要，重要的是鍛鍊自己往前踏出去的勇氣和擔當。

我使用 TAT 為艾瑪輸入許多新的想法。她要先放下「乖女孩」、「孝順的女兒」這些角色扮演，允許自己去探險。

走出舒適圈，是找到自己熱情的必要條件。艾瑪需要讓自己長大，她的父母也需要移開以愛為名的保護罩，讓愛不要那麼沉重，把心的夢想壓垮。但是我們不能等待父母有所轉變後，我們才去追求自己的幸福。艾瑪需要先開始往內的旅程，進行自我發現之旅。

● 故事二 抹殺個體性才能被愛

小琴和爸爸的關係令她瀕臨崩潰。小琴的爸爸非常愛她，但是他的愛帶著強迫性的掌控，令人窒息。他經常以愛為名，情緒勒索，要小琴「為他的愛負責」。從小到大，小琴的界線經常被跨越，爸爸會擅自替她決定許多事情，要她退出樂團、轉學、讀什麼學校……都是爸爸說了算。

一直以來，只要父親一出現，她的個體性就自動消失。同時，「好女兒」模式會開啟，她無法做自己，也無法說真話。這樣的行為模式和自我認同，是經年累月被豢養出來的。

和艾瑪一樣，小琴也是獨生女。父母感情不睦，關係疏離，使得父親把所有注意力聚焦在小琴身上，期待著她的回應。小琴成為家裡柔軟的連結，她順從爸爸，也接近媽媽。媽媽已經不理爸爸了，所以小琴如果不努力做父母之間的連結，這個家可能就會分崩離析。那時，她就沒有家了。

小琴的原型認同是：「只有被大多數人和爸爸接受，我才能完全認同自己。」

這個認同的陳述說明了，爸爸的分量等同於「大多數人」。

小琴從這個認同得到某些好處：

- ○ 它給了小琴一定程度的社交能力（迎合別人）。
- ○ 維持一個她尚可接受的社交形象（容易相處）。
- ○ 得到家人的認同（主要是爸爸）。
- ○ 可以消弭不安全感（以別人有沒有被冒犯作為自己的安全指標）。

小琴被這個認同限制的地方：

- ○ 讓她綁手綁腳的，對於什麼可以做、什麼不能做，都是從網路學來的。
- ○ 沒有真心地生活過。
- ○ 創造力被卡住。
- ○ 看不到世界另外一個樣貌。

○降低她的社交能力。

真正的我不會被接受

這個認同的功能是遮掩小琴的恐懼：「真正的我是無法被接受的。」

小琴的內在邏輯是這樣，如果真正的她不被接受的話，就會感受到爸媽對她的惡意。如此一來，她就會覺得自己根本不該出生在這個世界上。她對自己的期許，讓她人生想要達成的事看起來都是假的。

小琴的爸爸十分接近「恐怖情人」，占有欲和控制欲都很強烈。他需要透過各種方式一再確認自己與小琴的連結。而小琴也內化了爸爸的焦慮。她說，只要她也跟著焦慮，爸爸就會比較滿意，確定小琴在乎他。

小琴的爸爸情緒極不穩定，他的情緒勒索後來已經升級到以性命相逼。如果得不到他要的回應，便會以死威脅，還揚言要帶小琴一起去死。小琴覺得爸爸愛她，想要阻止爸爸去做蠢事，也想要保護自己不被傷害，所以爸爸的認同成為她的指標。而爸爸也依賴小琴的支持與愛活著。兩人陷入這種膠著的關係，難分難捨，裡面有許多恐懼的黏著。

直到長大之後，小琴才漸漸發現這件事不太對勁。即便如此，小琴還是免不了經常被爸爸的情緒牽引，受他的言語影響，痛苦萬分。

「如果我有個體性，我就會被捲入爸爸的情緒風暴。我做什麼都會被批評，他的意見才是家裡最後的意見。媽媽也拿他沒辦法。」小琴很早就知道，只有抹殺自己的個體性，她才能繼續扮演柔順的女兒，維持和爸爸的關係。

這個潛意識的決定嚴重影響小琴的能量中心。當我為她做能量掃描，發現她為了完成「好女兒」的角色扮演，已經關閉了下面三個脈輪。這三個脈輪的功能分別如下：

第一脈輪，位於尾椎部位，主宰我們生存的安全感、根基。

第二脈輪，位於丹田部位／肚臍下方，主宰我們的創造力、親密關係以及性的力量。

第三脈輪，位於胃部，主宰自我意識、自我表達，是能夠做自己的力量來源。

小琴關閉這三個脈輪，可以說是一種自我保護的行為。因為如果打開這些脈輪，她就會感受自己的界線不斷被侵犯，表達與創造力被挾持，自主意識窒息。然而，這些脈輪其實是她生存在世界上、與人建立關係、以創作表現自己，最需要的力量。

關閉這三個脈輪，讓小琴無法啟動自己的內在動力，她的創造力被障礙，社交能力薄弱。從幼稚園到高中，她在學校經常被霸凌。她甚至沒有同年齡的朋友，被同學們視為異端。

上網自學與人交往，讓自己看起來「正常」

小琴渴望得到大家的注意，想要有朋友，卻無法拿捏自己的言行，她不太會同理別人的感受。小琴花很多力氣去迎合爸爸的需要，將自己的需要擱置一旁，因此缺乏社交的練習，她不知道怎樣才能被接受。但如果她無法覺察自己真正的感覺，又如何能覺察別人真正的感覺？

幸好，小琴很聰明，她直覺知道自己有心理創傷，需要專家協助，於是走上自我療癒的道路。她太躁動不安，把腦子塞爆，把行程塞滿。跟艾瑪一樣，小琴以「做許多事」來補償自己最深的恐懼。

所謂的「補償」，其實是一種幻覺。好像，「我只要讓自己沒有空檔，就可以不必感受我心底有多害怕。」

小琴曾經嘗試說出自己的想法，向爸爸表達她的心理壓力，然而這個舉動引發更大的災難。爸爸全盤否認他的行為帶給小琴的創傷。他轉移目標，更在意小琴向「外面的人」（諮商師）說了什麼關於他們之間的事。爸爸為了自我防衛而攻擊小琴，導致小琴崩潰離家出走。好不容易對爸爸敞開的脆弱，再度被踐踏。

在這次失敗的溝通之後，小琴把自己保護得更加密不透風，絕口不向爸爸提起她心裡的事。當她要跟爸爸說話或提出要求之前，都會先在腦海裡演練許多次，以確保自己的安全。

小琴的成長磕磕碰碰，焦點都在爸爸身上，她形容自己沒有真實的生活體驗。所有的人際應對，都是她在網路上看影片模仿學來的。她上 YouTube 學習社交的禮儀，教自己怎樣說話和行動；看網路電影學人際互動，了解什麼是正常交流。

就拿聊天來說，她不知道和其他女孩可以聊什麼，要談什麼話題，怎麼做才能被認同或喜歡。一般人覺得理所當然就會的事，對她來說都很陌生。小琴一直想把自己的格格不入隱藏好，她模仿網路的情節、電影的對白，來讓自己表現得「正常一些」。

毀滅式的占有，是愛嗎？

直到小琴大學畢業了，還是沒有太多的自由空間。在爸爸的眼中，這個世界危機四伏，她就算在島內走訪朋友，也得每天向爸爸數次報平安，甚至接受爸爸的安排接送，否則爸爸的焦慮就會將她淹沒。若她不回電話或訊息，爸爸會抓狂，展開奪命連環Call。如果冒犯了爸爸，他也會施加經濟制裁，切斷她的金源，讓她知道誰才是老大。

雖然爸爸提供小琴優渥的生活環境和求學條件，但在情感上，小琴才是比較像大人的那一方，一直在照顧這個失控、焦躁、動不動就要去做蠢事的爸爸。

爸爸對小琴的愛似乎帶著毀滅式的占有。

小琴的故事說出了許多父母以金錢要脅兒女，以愛為名控制小孩的困境。被父母以金錢控制及恫嚇的子女，心底並不確定父母是愛他們的。而且對於自己離不開父母的金源，覺得羞愧又憤怒，譴責自己沒有力量走出這樣的關係，去面對世界。

在被保護的同時，這些人的翅膀被剪斷，無法飛翔。雙手在空中亂舞，渴望呼吸自由的空氣。有些人被困在這樣的情境太久了，忘記自己曾經有翅膀、有夢想，再也不相信自己有能力可以走出自己的一條路。

當你驚慌時，停下來問自己「我現在幾歲？」

人生最大的冒險，就是為夢想而活！

——林昱成，《京盛宇的台茶革命》

對於艾瑪和小琴，她們的夢想是模糊不清的，她們的個體性被抹殺，失去了力量，看不到前景。

還是回到「創傷」來看這兩個案例。艾瑪有著失去姊姊的創傷以及小時候被疏忽的創傷。她的心裡有個洞，要整合這些創傷經驗才能癒合。而小琴則是目睹家暴，害怕失去父母，加上長期界線被侵犯，使得她無法連結自己的力量。

然而，當她們兩人分別能夠面對內在最深的恐懼，這些恐懼就不再撼動或威脅她們了。原本的認同，也自然沒有依附的據點或繼續運作的燃料。是的，恐懼就是認同的燃料。

我們必須知道，那個緊緊抓住恐懼，認為自己沒有力量去面對的「自我」，年紀通常是很小的。但這個「自我」卻可以造成不自覺的龐大障礙。所以，每次當你驚慌的時候，可以停下來問自己：「我現在幾歲？」

那麼非理性的害怕失措，通常是與現實脫勾的小孩，凍結在時空中的一個網格，但被我們誤以為是此刻的自己。

這是一般人認知上的困難與盲點。

雖然解開了原形認同的束縛，但從小被抹殺個體性的小孩，必須重新認識自己，掌握船舵，才能開啟自己的航道，對抗沿途的風雨，辨識自己在世界的位置。這是艾瑪和小琴接下來的挑戰。

第六章　想要被喜歡

有時候為了被接受、為了與人連結，甚至為了讚美與認同，我們努力地塑造某種形象，戴上某個面具，把真正的自己隱藏起來。因為我們認為如果不經過裝飾、「易容」，真實的自己是無法被接受、被喜愛、獲得欣賞。

然而面具戴久了，黏在臉上脫不下來。身分認同更是如此。一旦刻意經營一個身分，卡在某個角色扮演，久而久之，這個身分成為盔甲，保護著自己，連我們都忘了盔甲下的自己原本是什麼面目。

這是因為我們不接受自己本來的樣子，認為如果呈現自己的面目，肯定會失敗、不討喜。

只能扮演設定的角色

於是我們改變自己，演出另一場戲碼。我們拋棄自己的靈魂，覆蓋真實的感受。有時候這是不自覺地扮演，有時候這是有意識的偽裝。但無論如何，扮演總是辛苦的。自己最自然的力量被閹割，人我的界線模糊，無法維護自己的尊嚴。因為這個「討愛的我」沒有界線，但是底下真實的我還是有著界線被破壞的憤怒。我們的內在十分衝突：想要有界線，但是不敢有界線。

一旦人生被這個面具和自以為討喜的角色牽制，我們便會有潛在的焦慮，難以真的開心，也無法真誠面對他人。時常處於緊繃狀態，盤點著自己的言行舉止，怕露出破綻，可能會因為事情失控而情緒崩潰。因為努力想要迎合別人的期待和喜好，注意力都放在別人身上，自己也不清楚到底真正想要的是什麼。然而，如果自己的努力沒有得到應有的回饋，便會失望透頂。

這個類型的認同困難，來自於低落的自我價值，無法理直氣壯做自己，必須藉由迎合他人來找到立足點或共同點，而這個「他人」可能是父母、朋友或整個社會。因為心底太渴望被喜歡、與人連結，於是被「他人」的價值觀牽制著，必須投其所好，才能被接納和被愛。

這會造成極大的內在混亂。父母和社會的期待、不同朋友們的價值觀，通常並不一致。自己沒有中心的思想，不能堅持主張，就會被他人的想法四分五裂。焦慮於是洶湧而來，滔滔不絕。

● 故事一 想要大家都喜歡我

仔細一看，余楓的纖纖十指指甲周邊鑲著被摳得崎嶇不平的指肉，指甲被啃得極短，看上去十分突兀。顯然內在極為焦慮，不自覺地常摳著指甲邊緣，藉由疼痛來轉移焦慮。

余楓從小就很焦慮。小時候媽媽喜歡拿她和鄰居的小孩比較，她怎麼努力，媽媽都不滿意。考試得九十五分，以為會被稱讚，媽媽卻說：「這有什麼好得意，又不是一百分。」姑姑看到她的圖畫，稱讚余楓畫得真好，媽媽馬上又說：「哪裡好了？同班同學畫的比她好的人多得是。」

不僅如此，媽媽還常常出賣她的隱私，把她的糗事當作與鄰居們交流八卦的籌碼，使得她成為大家茶餘飯後的笑柄。她生氣抗議，媽媽卻說：「我看不出來哪裡錯了！」她肚子悶，不想吃飯，媽媽會強迫她吃下去，即使她邊吐邊吃也得吃完。

從這些小時候的創傷，可以看見余楓的自信和界線是如何被母親逐漸摧毀的。基本上，她的意志力似乎無足輕重，有沒有為自己發聲都不會改變什麼，反正決定權不在她。如果不順從媽媽，她就會被強迫。就算她抗議、哭鬧，媽媽都不理會她。

這是余楓從小學到的事。這個態度繼續影響她日後的工作，以及與別人的關係。

余楓是老闆的特助，為了讓老闆賞識，就如同小時候想要被媽媽看見一樣，余楓無法和她的工作有健康的界線。即便她已經下班了，正在吃晚餐，老闆還是可以奪命連環 Call，要她去聯絡事情或準備明天的會議簡報。她沒有所謂真正的下班時間。

問她為何下班後電話不關靜音或關機，余楓表示她曾經試過這麼做，隔天就被老闆責怪她不配合。焦慮又性急的老闆要她隨傳隨到，即時回應訊息。然而，余楓敢怒不敢言，她最怕的就是與人衝突。別人若對她生氣，她就覺得自己很糟糕。老闆也看準了這一點，繼續欺負她。她正在讓老闆跨過她的界線，並且她沒有底線。這跟她與母親的關係如出一轍，小時候被強迫、被控制的故事再度上演。

戴上被人喜歡的面具

余楓的原型認同是：「真實的我，沒有人會喜歡。」

所以，余楓努力把自己偽裝成一個處處為別人著想、和善客氣、讓人舒服的人。

這個面具帶給她的好處：

○ 讓她得到好的評價。
○ 不會跟別人起紛爭。
○ 不需要面對自己真實的情感。
○ 因為不會把真實的自己交出去，所以不會輕易受傷。
○ 不必跟別人有太深的連結。

然而這個面具就像是兩面刃，所有的好處背面都是限制：

○ 為了符合別人的期待，把自己活得很累。
○ 當現實與真實的自己衝突的時候，焦慮會將自己淹沒。
○ 假裝太久了，不知如何對人敞開心胸。
○ 入戲太深，再也分辨不清楚什麼是自己真正想要的。
○ 不知道如何去愛人。
○ 活得很孤單。
○ 跟別人總有距離，碰觸不到自己的真心。
○ 為了繼續讓人舒服，無法維護自己的界線。

如果連自己也不喜歡自己，怎麼辦？

在這個原型認同之下，余楓真正害怕的事情被掩蓋了。

她對自己的評價很低，覺得自己很平凡，一點都不特別，是個無趣的人，肯定沒人願意跟她在一起玩。如果她以真實的面目出現，一定會被晾在一邊，被別人徹底遺忘。這時候，她就只得跟自己待在一起。如果發現「連自己也不喜歡自己」，她卻逃不開自己，怎麼辦？

所以，害怕「沒人會喜歡真正的我」只是表面的原因，余楓真正的恐懼是：自己也不喜歡自己。

余楓說，她總會帶著批判的眼光看別人，其實，不知不覺中她成了自己的母親，總以批判的眼光看著自己。小時候是達不到媽媽的期望，長大後是達不到自己對自己的苛求。

這個恐懼太深，於是余楓發展出許多補償恐懼的辦法，譬如她會告訴自己她有許多優點，而這些優點都是她戴上面具而來的：

○ **我是個有禮貌，體貼的人。**
○ **我說的話很聰明、受人歡迎。**
○ **我把自己的生活過得很充實。**
○ **我很可靠，令人放心，使命必達。**

在生活中，余楓是個很會揪團、辦聯誼、帶大家玩遊戲的人。然而，因為她總戴著這個面具，她總得犧牲自己，忙著討大家的歡心，讓每個人都「舒服」，導致她沒辦法享受自己辦的活動。每當忙完一場活動，她就會有深深的失落感。

會想要主動去辦活動，把大家連結起來，可見余楓非常渴望獲得團體的歸屬感。然而，余楓內在的不安全感，讓她害怕情感的連結。她並不相信自己的判斷力以及思辨力。她從小就服從權威──媽媽；長大後繼續服從權威──老闆。

余楓曾經喜歡的男生們，每個都被媽媽批評得一文不值，因為她相信媽媽的見解才是對的，媽媽看到的面向比自己多，所以這些感情全都無疾而終。

她無法長大，成為一個獨立思考的個體。那些皮開肉綻的指甲邊緣，裡頭藏著一個小女孩，努力想要被人喜愛，卻沒辦法喜愛自己。她依賴著別人的滿意來解除自己的焦慮，這簡直是杯水車薪，永遠不夠用。

我幫助余楓以能量心理學的介入療法，平衡她小時候的許多創傷，讓她逐步卸下被一再否定的焦慮。她終於發現，她對自己的行為簡直是母親的翻版：她習慣對自己的嚴厲批判，與母親如出一轍。

我請余楓準備一本筆記本，每天寫下三件她覺得自己做得很棒的事。過了一陣子，余楓漸漸看見自己的優點，願意喜歡自己。

我們都知道，一個無法喜歡自己的人，必然也無法相信自己是值得被喜歡的。

經過幾次的工作，余楓終於可以摘除面具，讓藏在底下真實的自己出現。（請參考第二部分第二章，步驟八，「迎接真我，整合真我」）

我問她：「妳真正的自己這些年來一直躲起來，是藏在哪裡？」余楓把手放在胸口，說：「在我的心裡面。」

如今小時候的創傷結束了，她終於願意接納真實的自己。余楓說，自己其實是一個「溫暖與放鬆」的人。

有一天，當余楓可以感覺自己的感受，思考自己的想法，不再以討好別人為優先。這樣的她才有辦法發揮自己獨特的魅力，吸引真正喜歡她的人，而不是喜歡她的面具的人。

● 故事二 不安全感全面來襲

雲開看起來很久沒有好好睡一覺了，瘦削的臉龐上浮出兩個黑眼圈。他說他的頭腦停不下來，只要一想到工作，就會一直轉動，無法切換為放鬆模式。腦子脹脹的，晚上常睡不好。他老是半夜嚇醒，以為自己做錯什麼，遺漏什麼。他很想要改善他面對事情的方式，不要有這麼多的擔憂。

這個長年緊繃狀態已經導致他的身體出現很多問題，膽結石、高血壓、胃食道逆流……

被父母的期待和宗教戒律綁定的人生

談話之後，我發現雲開的焦慮有大半來自於他和父母的關係。

他做的是投資相關的工作。父母會請他幫忙分析、買賣、下單。他雖然有這方面的能力和知識，但面對父母的期待，他壓力很大，下單的時候會搖擺不定。因為一直努力想要證明自己的能力，讓父母賺錢，有時候半夜會驚醒，深怕自己買錯產品被父母責怪。

父親對他的態度令他憤怒，彷彿賺錢是應該的，虧錢就對他冷言冷語。父母說的話，他都很在意。也因為太在意，雲開容易被刺傷而發怒。

父母對雲開的掌控，還有另一方面是來自宗教。這個問題經常在台灣的個案當中出現。

雲開的母親是虔誠的佛教徒，雲開從小跟著父母茹素，在一知半解的情況，接受了賞罰分明的業力觀。他被要求天天誦經，要守五戒、菩薩戒，不能吃肉、喝酒，也不可以有婚前性行為，否則就是破戒。只要雲開投資虧損，或是身體不好，馬上就會被母親歸咎於他修行不力，業障太深。

雲開背負著好多的約束，喘不過氣。他一方面充滿憤怒想要對抗，然而另一方面，他從小被制約，如果不聽父母的意見、沒守住戒律，就會萬劫不復。每一次破戒，和朋友去喝酒、吃肉，或是和女友有親密行為，事後都會深深自責。

「從年輕的時候，我就無法依照自己的渴望去過日子。」雲開說：「我想選擇自己喜歡的食物，享受生活、開心隨興，但卻綁手綁腳。」他的生活被一個無形的網子罩著。父母的期待、宗教的戒律，交織成他的無形羅網。

他和父親的關係經常劍拔弩張。當他被父親數落，就容易陷入混亂，甚至會情緒失控，憤怒到去撞牆。父母的期待和宗教的要求正在同時壓垮他。其實，雲開對自己達不到父母的標準很焦慮，對於自己破戒的事也很不安，擔心被老天（另一個抽象的父親）懲罰，報應會降臨。

雲開的原型認同正是：「爸媽不會愛真正的我。」

他對此感到絕望，因為無論怎麼做，爸媽都不會滿意，永遠嫌棄他做得不夠好。爸媽沒辦法看到他的努力或付出。他利用這個認同來疏遠他們，也戒斷自己渴望得到的認同。

這個認同帶給他的好處是：

○ 他變得很獨立。
○ 努力想要在很多事情上做到最好。
○ 他學會自己找到資源去完成許多事。
○ 他的伴侶必須擁有豐厚的物質條件，來支持他所渴望的生活。

這個認同帶給他的限制是：

○ 他會強迫自己扮演服從的兒子，維繫親子關係。
○ 很容易受父母情緒影響。父母若不快樂，他也無法快樂。
○ 只要自己享受生活，就會有罪惡感。
○ 焦慮會被責怪，覺得自己不被看好，很害怕失敗。

但是上述這些認同帶來的好處或限制，都是為了隱藏雲開真正的恐懼。

仔細探索這個認同帶給他的好處，會發現在雲開獨立和完美的自我要求底下，是個擔憂爸媽拋棄他、不愛他的小男孩。他太怕頓失所依，所以必須堅強獨立，努力獲得成功，建立良好的物質基礎，來保障自己的生活水準。即便他因此賠上健康，也停不下來。

在黑暗中飄著的蒲公英

談話之中，我發現雲開的恐懼是從小時候的經驗提煉出來的。

爸媽在他上幼稚園的時候經常吵架，他天天擔心父母會離婚。雲開說，小時候的他以為爸媽離婚後，大人們會分財產，各自分開生活。這樣一來，他就會成為一個沒有根的小孩，不再有父母的庇蔭，彷彿在黑暗中飄著的蒲公英，沒有立足之處。

原型認同的謎底揭曉，原來雲開內在真正最害怕的是失去父母，失去「家」，自己孤單一人，無法生根茁壯。他一直保存著這份恐懼，從六歲直到如今他已經三十幾歲，即便他理性上知道自己有能力獨自生活，也可以養活自己，但是潛在的不安全感時常全面來襲，從來沒有停止過。他內在有一個虛弱的聲音，不信任自己可以成功。

他對金錢無盡的焦慮，不敢放鬆享受快樂，都和他這個小時候的「設定」有關：他必須要盡力做好，讓父母歡喜；只有父母待在一起，他才會有家。於是，他工作的時候，壓迫自己一直要維持高生產力的狀態，因而腦子停不下來，身體有如箭在弦上。

當來自父母的壓力太大，他就想要從這個家撤退。和父親之間不是「戰」就是「逃」。

為了降低上面的存在焦慮，雲開給自己的補償是許多活動：他不斷搜尋新知，看哪裡有好玩、好吃的，以及上健身房鍛鍊。這些都能暫時轉移他的焦慮，好像他正在努力做些什麼來保存自己。

要解除雲開的不安全感，必須要療癒他小時候經歷的創傷，才能更動他的內在「設定」。讓他可以選擇自己想要生活的方式，而不是一個被種種規矩和戒律「綁定」的人生。

我相信，如果一個人懷著被懲戒的恐懼而守戒，這其實已經是造「業」了。這個「業」源自於把宗教的練習當成交易，做這件事的初心並不是為了鍛鍊自己的心智，而是讓父母認同、讓菩薩高興，以換得他們的庇護保佑。這種綁定了很多人宗教信仰的守戒，比較像是一種「商業交易」，而和靈性的修持無關。

內化童年的創傷來保護自己

余楓內在的小女孩努力想要被人喜愛，渴望歸屬，因而戴著面具生活；雲開內在的小男孩則想要維護父母婚姻，害怕家庭分裂，自己無法獨自生存，於是拚命工作賺錢，努力表現。他們兩人都是為了別人的認同而活著，如果讓別人／父母／神明不開心，就可能無法存活。

當你意識到，為了療癒你從父母而來的創傷，你內化了當年的模式來保護你自己的時候，你的療癒才開始。

——生命中心療法創始人安迪．韓

讓我們來看看上面兩個故事裡的主角，如何內化當年的創傷：

余楓內化了母親對她無止盡的責難，成為對自己苛責的人；雲開則內化了當年的生存焦慮，成為停不下工作的人。

無論是余楓還是雲開，兩人真正的救贖都是來自於意識到他們當年為了保護自己所內化的問題，開始療癒童年的創傷，以及對父母認同的深刻依賴。

兩個人最終需要懷著自覺，面對自己的人生，把選擇伴侶或志業的權力握在自己手中。就算選擇的不是父母所能認同的人或工作，也可以表達自己真正的感受，勇敢去嘗試。

只有在我們停止為他人的掌聲和讚許而活，反過來聆聽自己內在的聲音，我們的生命才能坦蕩，真正的冒險才能開始；踏上榮格所謂的個體化的歷程，我們的自信將會受到正確的鍛鍊而更加飽滿，如迎風鼓起的船帆，驅動著我們，開往地圖上等待被自己命名的國度。

第七章　無法歸屬的人

對許多人而言，歸屬感是很重要的安全來源以及存在的支持。然而，有些人窮盡一生，總無法安適、自在，不管是在家庭、學校、公司或機構、社團或朋友圈，總有一份不踏實感，從陰暗的角落滲出來。雖然渴求歸屬，但終究無法有所歸屬，原因是出自哪裡呢？

擔心自己不被喜歡、不被愛，被其他成員排擠，無法被納入圈內。這個感覺和職位、成就、年齡、性別都無關，而是內在的感覺所投射的情境。

沒有歸屬感的人，難以相信自己能被別人接受，於是更加努力討好或迎合。這種焦慮愈演愈烈的時候，有天會覺得討好也沒辦法奏效，因而產生更深的絕望。這時他們會感到憤怒，自己都那麼努力了，如此犧牲奉獻，竟然還是不被接受。內在的恐懼終於成真了，於是他們指責伴侶、夥伴、朋友們，自己的受害意識就像牆壁的裂縫蜿蜒爬出來，影響了人際關係，進而更加感到被排擠。

「世界雖大，卻沒有我容身之處。」是無法有所歸屬的人心中的無聲吶喊。因為你失去了心中理想的家。家，已經幻滅了，彷彿輕輕一推就倒的摺紙模型。

歸屬感的稀薄，隨時將無家可歸的焦慮，許多時候都跟童年的創傷有關。因為曾經被忽視、被遺棄，覺得無所依靠的經驗，他們難以相信自己是可以被愛的，也不認為他們有愛人的能力。他們與人的連結變得十分脆弱，根基容易被一些小事動搖。因為內在的認定是：自己得不到所渴望的愛。

這個預設立場，在心周遭撒上一層冰，雖然表面熱絡周延，心底卻懷疑自己是否真的可以被接納。

● 故事一 永遠的異鄉人

海蒂膀胱炎發作疼痛萬分，半夜裡自己忍著痛開車去急診。家在郊區，距離醫院起碼有二十分鐘車程。萬一痛暈過去怎麼辦？問她為何不喚醒先生送她去醫院，或是打電話找朋友幫忙。她馬上說：「我怕麻煩別人，半夜誰願意出來呢？我先生也不舒服，他這兩天感冒，萬一他去醫院惡化成肺炎，我還得照顧他。」

這番話聽起來頭頭是道，海蒂似乎太貼心了，但其實是拉不下臉請求，認為自己會被拒絕，於是只能硬撐。

這就是海蒂。表面堅強，心裡淒涼，那夜她坐在醫院的急診室裡，臉色慘白，幾乎快昏厥了。

對她而言，要開口求助，非常困難。她是一間公司的負責人，平時深受幹部和職員們的敬重，大家有什麼問題都會來跟她商量。然而，這是單向給予的關係。當經歷不好的事情時，她卻下意識地隱瞞，不讓別人看見。她刻意保持著某種形象。

海蒂因為諸多健康問題前來求助。她的膀胱反覆發炎、腸躁症嚴重、晚上睡不好、神經耗弱。她壓力大，頭痛，可是無法休息，一取消工作就有說不上來的罪惡感。這已經超載的責任感，來自她內心的不安全感。

一個外星人在美國

「我沒有朋友，在這裡我是個外國人，我感覺自己像是外星人。」這是海蒂的原型認同。

這認同顯然在生活中形塑她的觀感和行為。海蒂認為自己沒有真正的朋友，求助也沒有用。她強迫自己要堅強，盡量不麻煩別人。

海蒂是波蘭移民，遷居美國已經三十多年。雖然英語流利，卻有著濃重外國人的口音。她不以為意，覺得自己與眾不同。

「人們會因為我是一個歐洲人、我的外表和我的波蘭口音而記得我。」她很肯定地說。

就海蒂而言，在美國當一個「外星人」，有一些好處：

○ 她讓別人印象深刻，在工作上加分。可以毫不費力地讓客戶記得她。
○ 說話可以很直接，不必拐彎抹角，就算不得體、用錯字，大家也會原諒她。
○ 這個身分讓她與其他人有所區別。因此，她能夠以疏離的態度去面對事情，不被捲入是非。
○ 這個身分替她贏得許多讚美。在波蘭家鄉，親戚視她為英雄，有勇氣也有能力在遙遠的美國闖出一片天地。

海蒂企圖保有自己的特色，同時也難以掩飾她對於美國文化的批判。她的穿著高貴典雅，凸顯出歐洲的低調奢華風格，與美國當地人們的穿著品味拉開距離。但另一方面，這距離令她不安心。她覺得人們在背後議論她是個「驕傲的歐洲人」。

她會刻意地討好別人，貼心地記得朋友和同事的生日，買禮物寫卡片給他們。她為公司張羅宴會，面面俱到，總是賓主盡歡。可是，她心裡覺得沒有人是真正愛她的。海蒂沒有真正可以交心的朋友。

關於種族認同，她充滿矛盾。一面想保持自己的歐洲人身分和文化，一面卻又因為無法融入在地文化而沒有安全感。她心中有個盤算，一旦事情不順利，她就要逃回老家。這種搖擺不定反映在她的生活和社交上，讓她在美國像個永遠的異鄉客。

這個原型認同所帶給她的限制並不少：

○ 她和人總保持距離，無法真正的親近。
○ 因此無法有真正的朋友。
○ 她不容易信任別人。
○ 人們不會邀請她去家中作客。
○ 無論到哪裡，到哪座城市生活，結果都一樣，她感覺是個外星人。

很明顯，這個認同的限制所造成的效果，更加強化她的沒有歸屬，無法連結。

不管在哪裡，都無以為家

但是家在哪裡呢？她的父母都去世了，兄弟姊妹四散，哪裡才是家？她在美國居住的時間早已遠超過歐洲。

海蒂坦承：「就算回歐洲，我也是異鄉人。姊姊在德國，妹妹在奧地利，哥哥在波蘭，大夥兒兜不在一塊兒。」

不管是去德國、奧地利或波蘭，她感覺都是異鄉，只是換了不同的語言。就這樣，她夾在美國和歐洲之間，無法前進，不能後退。她慌了。

她的原型認同努力保護著她，不要碰觸到她最深的恐懼。那究竟是什麼？

「只要事情變得困難，我就想要人間蒸發。」海蒂終於透露她真正的恐懼：她內在隱藏著死亡意願。

「我研究過所有關於協助自殺的故事。我有自殺傾向，但我不曾告訴任何人。我覺得我並沒有真正地整合自己或是與別人連結，而且我根本不敢顯現出我的脆弱和恐懼。這樣的我對人類是沒有用處的。我恐怕我無法完成此生的任務就離開了。」

比起來，「外星人」這個身分海蒂還可以應付。但是這個埋藏在心底的自殺念頭，如同一隻怪獸，她害怕自己被吞噬，想假裝它不存在。

有趣的是，當我們進行「思維場療法」來弭平這個她最恐慌的念頭時，海蒂的體感全集中在她的膀胱、腸胃和頸後。這說明了她的膀胱炎、腸躁症、睡眠問題，與她壓抑的恐懼和原型認同有密切關聯。

改寫「小外星人」的歷史

海蒂的歸屬感其實在小時候就遭受損傷，這不是美國之罪，也不是歐洲之罪。

她們一家人從小就因為戰亂被迫離開波蘭，舉家遷徙投靠德國親戚。因為爸媽要做生意，海蒂一大早就被送去幼兒園。當時她才五歲，剛到德國時語言又不通，海蒂沒有玩具或朋友，這個小難民成了外星人。她記得自己一個人從早到晚，待在板凳上睡覺，無法了解其他小朋友和老師在說什麼，更無法參與遊戲。這種被世界孤立的狀態持續了好久。她很渴望有玩具、有朋友，然而由於無法表達自己，沒有人會照顧她的需求。

有時候，她太無聊，去拿其他小朋友的玩具玩，會被別人罵。這個童年的創傷埋藏得很深，她內在很自卑，感到自己不被愛、不受歡迎，無法與人連結。相較於其他小朋友，她好像一無所有。

想起這段往事，海蒂淚崩了。我們終於了解她的衣著必須尊貴優雅，她的無法歸屬，她的「沒有朋友」，以及「外星人」身分，都是由此而來。

我們做介入治療，我請海蒂去感覺五歲的她當時最想要的是什麼。她說，她記得有一個盒子裡放著每個小朋友五顏六色的玩具，但她什麼都沒有。那裡面有一盒彩色蠟筆，她好想要。於是，二十一世紀的海蒂，穿越時空快遞一盒很大的彩色蠟筆盒給五歲的她。

她看見五歲的自己終於有了屬於她的玩具。她從板凳上站起來，拿出一張紙，將一大盒蠟筆攤開來，看著琳瑯滿目的顏色，她有無限選擇，日子從黑白變成彩色了。小海蒂得意又開心地畫畫，其他小朋友向她靠過來。有些事不用語言，也可以溝通。

海蒂把五歲的自己完全領回來，「小外星人」找到歸屬，獲得了解與安慰。她第一次感到自己全身都可以放鬆，身體不再處於戒備狀態。

當幼兒園的海蒂被記得，她的故事被聽見的時候，她就得到愛和保護。於是，她有了新的力量去面對陌生的語言和環境。小海蒂的救贖帶來大海蒂的歸屬感。這就是穿越時空的療癒。海蒂改寫了自己的歷史，也改寫了她的能量模式。這扎實的自我接納與安撫，永遠是治療創傷的特效藥。

小海蒂恢復了活力，海蒂的自我認同也跟著轉變了！

我和海蒂繼續工作了一段時間，雖然她還有一些其他的議題需要處理，但是她展現出前所未有的生氣，身體莫名的疼痛和反覆發炎，逐漸都和她的焦慮感一起消失。她對自己的工作和公司再度煥發熱情，並且有新的創建。

● 故事二 沒人會支持我

雲杉希望能夠得到老闆的支持，增添好一點的設備，改善對顧客的服務品質，一舉解決目前服務上的許多缺漏。可是，他內心覺得這是不可能的，他歷來所有待過的公司和單位，老闆或上司都不會支持他，他也懶得去爭取。他經常自掏腰包去買工作上需要的設備，以便達到他要的效果，可是內在很不平衡。

認定得不到支持，就無法得到支持

得不到支持有許多原因，可能是表達和溝通的問題，也可能是內在認定自己得不到支持所導致的結果。後者，才是雲杉的問題所在。

雲杉表達上的困難，來自於一個原型認同：「我講話很容易得罪人。」

他認為他不會說話，還是少說為妙，以此來避免衝突。反正自己的表達能力有問題，他說的話老讓別人畫錯重點，於是在團體關係當中，雲杉容易退縮，無法將自己的想法表達出來。他的表達能力完全被這個認同限定了。

恐懼自己不值得活著

隱藏在這個認同底下真正的恐懼是比較複雜的，讓我們一層層抽絲剝繭：

雲杉說：「我只要表達自己，就會說錯話而被討厭。於是我得要裝笨，假裝自己和別人的看法一樣，來避免自己被討厭。可是，終究會被別人發現我都在假裝，把別人當作笨蛋。別人看穿我不夠真心。這結果是我對自己徹底失望，我沒有達到我對自己的期待。我究竟不是個真誠的人，不配活在這個世界上。」

這個「不配活在世界上」的感受，是雲杉最深的恐懼。

雲杉的深層恐懼帶著萬劫不復的羞愧，自我批判導致他無法好好說話。他說話的時候總下意識地在揣測與丈量，到底要說幾分真話。想要被接納的他，有很多顧忌，於是難以自在地表達自己。

為了迴避這個恐懼，他轉而告訴自己下面的話來合理化自己的作為。以下這些都是雲杉產生的補償行為：

○ **為了讓事情進行比較順利，不一定要說真心話。**
○ **為了跟別人好好相處，我只說能夠讓事情順利進行的話。**
○ **笨一點比較討喜，有些事不要說破，假裝不知道就好。**
○ **我這麼做，是為了可以把事情推動得更好。**

問題是，他對於這樣的自己很不安，對自己的討好行為和妥協感到不齒。最後覺得這樣假裝很累，往往和別人對話到一半，就想要逃走，怕自己會原形畢露，洩露出自己真正的想法。

整個治療過程當中，雲杉一直咳嗽，他的喉輪能量嚴重堵塞。

他犧牲了自己的完整性來維繫和團體的連結，著實是因為害怕自己沒有歸屬，被其他人排擠。

自立自強的鑰匙兒童

這個感受來自於他小時候的遭遇。父母在他很小的時候便離婚。他跟著父親生活，父親早出晚歸，所以他從小就是鑰匙兒童。

「每天回到家裡，感覺很冷清。」雲杉回憶，「家就是四面有牆的空間，沒有人在等我，我感受不到這是個『家』。我沒有可以對話的人，不能夠訴說今天學校發生的事。」

「就我的感覺，好像是自己做錯了什麼事，所以大家都不理我。後來在公司裡也是，如果我做了一些事，而大家沒有給我讚許的反應，我會立刻覺得自己可能沒有做好。」雲衫說。

爸爸就算回家了，也因為工作太累，並沒有空理會雲杉。他從小就必須「自立自強」，有困惑的時候，沒有人可以商量；有問題時得自己想辦法解決。國中時有一段時間，他嚴重缺乏自信，不知道為什麼功課突然都看不懂、記不住，成績一落千丈。雲杉不知道自己出了什麼狀況，他發出的求救訊號都石沉大海，得不到爸爸的同理。所以，他決定一切都要自己來。後來，他和父親變得十分疏離。

他倔強地說，自己雖然有個家，卻常感到「無家可回」。就算回到家裡，也盡量迴避和爸爸單獨相處，躲在自己的房裡打電玩、聽音樂。

外表上，他展現出獨立幹練的樣子，但心裡因為沒有歸屬而感到空虛。

他認定自己是一個不會聊天的人，和同事格格不入。在公司沒有歸屬感，讓他也很難對老闆表達自己工作上需要的支援。小時候的經驗繼續被複製，雲杉很自然就退縮。這個迴避策略，是小時候他避免自己被拒絕的補償。

要協助雲杉改變對他的溝通模式，以及他的原型認同，我們必須先仔細地平衡他成長過程當中的創傷，以及對於父親和家的失望，接著協助他放下他的核心恐懼，之後他才能停止他的補償行為。

感激的練習改變我們與世界的關係

這裡面有一個很重要的轉折，就是「感激的練習」。

我要雲衫學習感激自己：從這麼多的童年創傷當中好好長大了，讀完大學，有一份優秀的工作，而且對社會懷有理想，一直想對人類有所貢獻。他沒有因為負面想法而放棄，一直想辦法要讓自己的身心更健全。他可以感謝這樣的自己。

他也可以學習感激別人：父親雖然不能同理他的需求，常常忽視他的困境，跟他很疏離，但並沒拋棄他，父親撐起了這個家，供他繼續唸書、補習、讀大學。

我邀請他每天寫下三件值得感謝自己和別人的事，可以從小事開始。這個練習逐漸改變了雲杉的能量運作，以及他和世界的關係。

過了一個月，我們再見面時，雲衫很興奮地告訴我，他的新計畫意外獲得同事的支持，而且老闆也挺他，願意給他額外的配備去執行。

「原來我身邊有這麼多人願意幫助我，而且主動在幫我！」他喜出望外。對於團體的歸屬感，正在雲杉身上巧妙地長出來。他接通了人際網絡，心愈來愈踏實。有好多人想要聽他工作上的分享。

我知道，這是因為雲杉散發出感激的能量，於是吸引來更多值得感激的人與事。他原本就是個有魅力的人，開始可以在團體中發光。

誰可以給我們歸屬感？

海蒂和雲杉分別因為小時候的創傷而失去歸屬感。從國家、文化、語言的無法歸屬，到家庭、公司、團體的無法歸屬，這裡面有好些認同的創傷、存在的恐懼，以及複雜的補償行為。

究竟是別人把我們推開？還是我們把別人推開？

沒有歸屬感，無論我們在哪裡，都是異地。就算身邊圍繞著人，還是感覺身處孤島。有了歸屬感，讓我們感到完整，家突然變得很寬廣，裡面可以裝進很多人。

問題是誰可以給我們歸屬感？

我們的歸屬感真是來自於具體的家嗎？還是家裡的人？

如果家和人都不見了，或是他們都不認同我們的理想，那我們要如何能有所歸屬？

如果歸屬感來自於國家和文化，有一天國家不見了，文化消失了，那我們是否就如喪家之犬？

我們認同的歸屬，是由哪些要素所構成的？我們怎樣才能感到安全？覺得自己不是孤單無依？

我知道海蒂和雲杉都是在完全接納自己的過往，平復自己的創傷之後，才感受到歸屬感。當自己所有的部分都可以歸屬於自己，當我們完全接納自己的脆弱和無能，一個人自然就散發出令人想要親近的溫暖頻率，這樣的人就是一個家一般的存在，令旁人想要靠近他，得到歸屬。因為在這時候，這個人的心已經有所歸屬；歸屬感不再是依賴外在的接納，而是在自己的心裡與世界和解。

隔絕脆弱

當一個人不能夠展現脆弱，就意味著他形塑了一個形象來保護自己感到脆弱的部分。他希望讓別人只看到他呈現的人格，可能是能幹、堅強、獨立、負責、可靠等正面特質，而這些特質所扮演的角色可能是保護者、照顧者、孤獨者……在神話中就是悲壯的英雄，孤獨地航向大海，心事無人知。

當我們跟自己認為脆弱的、不討喜的那部分切斷連結，或者壓抑它的出現，我們同時也拒絕了自己最柔軟的部分，那是最富感受力與同理心的部分。這個不自覺的選擇，令我們把心封閉，無法與家人或朋友擁有真正的親密或深厚的情誼。

我們可能身為父親，卻無法與兒女交心；身為丈夫，卻只能把心事對情婦傾訴；為人子女，卻僅能盡責地扛起「孝順」的重擔……

我們把自己真正的焦慮隱藏，導致無法表達需求。久而久之，壓力必須從身體出現，從強迫症發洩，從上癮症轉移注意力。我們不但騙過別人，也騙過自己，真的以為自己堅強無比，沒有需求。

一旦對別人有需求，可能會被拒絕，因此帶來被否定或不被愛的痛苦。雖然我們很希望得到別人的支持關愛，內在卻總覺得是不可能。

有需求等同於脆弱，展現脆弱要冒的風險，對這個認同主題的人而言太大了，他們可能會失去一直以來維護的形象或是關係中的優勢。然而，他們的付出或犧牲成為僵化的行為。只有給予，但無法接受。漸漸地，愛被凝固了，不再交流。

蘇珊娜・貝爾（Susanna Bair）是教導我心律轉化法的老師，有次在線上課程中坦承她身體有些狀況，她的心律不整，神經系統耗弱。我當下十分敬佩她的勇氣，她向我們示範如何接納自己的脆弱。她並未因為自己是老師而隱藏真相。我看見她內在強大的覺知和自我接納，讓我對她的教學更有信心。

> 脆弱等同於勇氣，並且這影響你的創造力。
>
> ——布芮尼・布朗，《脆弱的力量》

布朗對勇氣下了相當精闢的定義：「勇氣需要不確定性，暴露情感，冒險。沒有任何的勇氣是不帶著脆弱的。」

然而，接下來的三個故事，我們想要探索的是：當「不能脆弱」成為我們創造的自我認同，它背後真正的原因，以及它想要保護的東西。

● 故事一 為家人犧牲奉獻

俊明想要探討他腫瘤的心理成因，他希望能夠平衡造成腫瘤的心理根源，讓自己恢復健康。

他目前是金融業的分析師，收入豐厚，是家裡最上得了檯面的兒子。可是，這份工作讓他長年加班，身體和精神都飽受壓力。雖然知道這份工作正在殘害他的健康，但是他卻停不下來，因為家人的優渥生活向來依賴他的收入來支撐。只有在得了癌症，生命受到威脅後，他才有理由停下工作，讓自己休息。

數年前也是如此，那時候，俊明的腫瘤擴延到脊椎和其它器官，不得不辭去工作，專心治病。他曾經想要嘗試他喜歡的另類工作，然而收入不如預期。轉換跑道失敗之後，俊明再度回到他原本熟悉的職場，做著他並不喜歡而且高壓的工作。沒幾年，身心俱疲的他，腫瘤復發了。

俊明無奈地表示，如果心理根源不解決，就算這次又把腫瘤切除，病情得到控制，他還是會遵循家人的期望，回到原本的職場，繼續做一份令他痛苦的工作。

壓抑自己的需求，以保全家庭

其實，光是造成俊明生病的「認同創傷」就有好幾個，都是跟與家人有關。

其中一個最關鍵的原型認同是：「我是家人的提款機。」

俊明排行老大，也是家裡最會賺錢的人，於是父母的債務和家庭開支都落到他肩上。

然而，這個認同底下深藏的恐懼是，如果不再具有提款機的功能，他就會失去父母的重視。俊明認為如果他的身體恢復健康，父母一定希望他繼續回到高薪的工作來幫助家裡的經濟，這是他逃脫不了的命運，除非他「生病」，才有辦法不配合這樣的期待。

這麼認定的他，其實帶著死亡的意圖。好像只有生病，而且是威脅生命的病，他才能跳脫當前的工作型態，選擇他喜歡做的事，而不是最高薪的職業。

為了迴避他不願意面對的恐懼，他使用的補償行為是：不斷地給予家人物質或金錢來證明自己的用處。其實，俊明內心無比孤單，認為家人不會支持他去做他想做的事，因為如此一來他的收入會變得不穩定，家人對於金錢的焦慮，捆綁著俊明。

當我們更進一步探索這種制約，便發現俊明小時候經歷的創傷才是這個原型認同的根源。

在他讀小學的時候，爸爸曾經有一段時間生重病，媽媽必須離家去照顧爸爸。那時候，才十一歲的俊明就必須扛起長兄的責任，幫忙照顧更年幼的弟妹，幫他們洗澡、餵飯。他把自己的恐懼和需求都壓下去，當個「小家長」。來家裡幫忙的姑姑，不斷對俊明曉以大義，要他「懂事聽話」。大人沒能安撫他，或是回答他的問題。這個小男孩從此覺得跟家人之間只有責任，他必須壓抑自己的需求才能保全家庭。

這個相處模式界定了他與家人的關係，甚至日後繼續影響他與妻子兒女的親密。他和家人之間永遠像隔著一道牆，他在他們面前就是個供應者、照顧者，無法展現自己的脆弱之處。他始終感到「得不到家人的支持或同理」，但實際上，他無法表達自己的需求；就算表達了，也認定是不會得到回應的。他一直覺得家人不喜歡聽到他工作上的困難或抱怨。

我們平衡了他小時候的創傷之後，俊明跟家人的關係開始產生變化，他才能與家人們有他所渴望的情感連結。

俊明後來看見，他跟家人的相處模式也延伸到工作上。只要主管誇獎他、鼓勵他，他就會赴湯蹈火，給自己很大的壓力，主動加班超時工作。他渴望主管的重視，就如同他渴望父母的重視，一切考量都以別人的眼光為出發。

要如何戒除這個心態，做出新的選擇，成為俊明修復健康重要的課題。

● 故事二 沒有人會站在我這邊

小燕想要改善她和爸媽之間的關係。她覺得爸媽一直會傷害她，所以她得提防。如果她想獲得父母的支持，就要以許多條件來交換，她才不要。她寧可一切靠自己。

小燕的媽媽身體不好，精神萎靡，有憂鬱傾向。小燕同情媽媽的處境，雖然想幫忙，然而同時非常在意媽媽說話帶刺，以情緒勒索的方式要求她付出。

小燕認為父母對子女的愛都是有條件的，並對這一點十分憤怒。她覺得自己的存在只是爸媽的工具。她被要求安撫媽媽、照顧媽媽，而且無論她怎麼付出，媽媽都不會滿意，她總是被拿來和別人比較。

小燕希望自己不要一直被爸媽的話語影響，不需要一直防禦，在爸媽和她之間豎立一道牆。她想要改變自己回應爸媽的方式。

她的關係困境來自於一個原型認同：「我不管做什麼，都不可能滿足爸媽的期待。」

小燕的認同其實是許多孩子共同的認同，覺得自己怎麼做都不夠好，爸爸或媽媽總是不滿意。自己不夠優秀，賺錢不夠多，學歷不夠高……比不上堂姊、表哥、鄰居的小孩……這個「不夠」，以及「比不上」的清單可以繞地球一圈。

然而，小燕的認同想要遮掩的是柔軟的心，她的深層恐懼是：「我還愛著爸媽，還在乎他們。」如果她還在乎爸媽，自己之前的傷口就會被撫平，她就不能記恨。

以憤怒隔絕愛

她的內在是個受傷而倔強的小孩，認為傷口是自己活過的證明，努力過的勳章。她以憤怒來抵擋自己想要愛爸媽的渴求。

這樣的抵抗造成許多焦慮，小燕以咬指甲來轉移焦慮。她的手指指甲被咬得參差不齊，無一完好。在進行治療當中，我們要處理多層次的心理逆轉，也就是她對於療癒的抗拒。

除了咬指甲，小燕還會拔指甲邊緣的皮，扯掉頭髮，這些不自覺的自我傷害行為都是她的強迫症。強迫症的作用是為了轉移她的恐懼。

小燕在父母面前無法展現自己的脆弱，她說：「如果有了情緒，我就輸了。」

我們後來找到這個僵持的原因，是她小時候發生的一件事：

上幼兒園的時候，有一次小燕在家裡用美工刀切東西，不小心切到手指，血流如注。爸爸幫她止血，卻太用力弄痛了她，她掙扎著要推開爸爸，爸爸卻打了她一巴掌。幼小的她只能咬爸爸，揮著小拳頭搥打爸爸。

「這一切都是妳自己造成的，妳再這樣我就不管妳了。」爸爸生氣大罵，「妳就是這樣，才沒有人要理妳。」

小燕也不服氣，她大吼回去：「我不需要你管！」

結果，爸爸逕自離開，丟下她在黑暗的走廊裡，真的就不再管她了！

她還記得，自己當時做了一個重大決定：「從此以後，什麼都要靠自己。在這世界上，是沒有人會站在我這一邊的。」

這個決定導致她無法說出自己任何需求，也不相信父母會給她任何支持。她認為流露情感，就讓自己的脆弱被看見了。所以她這幾十年來，都努力看管自己的情感，不想讓媽媽看到她的傷痛，她甚至不肯承認「無法達成別人的期待」令她有多難過。

當這件小時候的事件重新出爐，小燕還很清楚地感受到自己受傷的那根手指在疼痛著。可見，身體都記得當年和爸爸之間的事。肉體的傷痊癒了，心裡的傷卻還繼續，這就是創傷後壓力症候群的特徵。

當這創傷事件被 TAT 平衡，而且她的認同所保護的恐懼也被 TFT 徹底瓦解之後，小燕和父母之間的築起的牆終於崩塌。

她可以重新感受到此刻的自己想要怎麼做，而不是受傷的小孩想要她怎麼做。放下戒備的她，能夠選擇要不要幫助媽媽。

事情產生了不可思議的變化。我們再次見面時，小燕說她對媽媽坦承她的感受，希望媽媽尊重她的界線，不要擅自進入房間，而且媽媽聽了她的話之後，行為也改變了。媽媽會敲門等小燕回應，再進去她房間。小燕和媽媽的互動變得比較舒服。

「沒有人會站在她這一邊」的魔咒被打破了。

● 故事三 我是無敵鐵金剛

小剛因為皮膚病前來求助。最近他的異位性皮膚炎突然大爆發，而且就在他的人生感覺一帆風順的時候，令他十分困惑。

小剛和皮膚炎已經共處二十多年，我們也工作了一段時間。早年成長中的創傷，經過小剛持續的努力，大致都已經結束了。他皮膚病好了八成，臉部和手腳都開始長出細緻的皮膚。現在的他是有史以來最放鬆的時候。

的確，焦慮曾經是他皮膚病的肇因。很長一段時間，他必須幫忙家計並照顧媽媽，不能夠鬆懈。小剛生長在單親家庭裡，是個貼心的孩子，總是一下班就回家幫媽媽，沒有社交生活。如今一切都在改變中，媽媽交了男友，不再需要他的照顧，他自己也有了認真交往的女友，正在享受甜蜜的初戀。

偏偏就在這時候，皮膚病捲土重來，究竟是為什麼？

小剛的皮膚炎要引起我們注意的是一個原型認同：「我是無敵的。」

小剛說出這個認同時，他感到身體外圍的能量場閃閃發光，像是無敵鐵金剛那樣，全身裹著堅韌的盔甲。他被這個盔甲保護著，外界無法碰觸他、傷害他。

這個閃閃發亮的盔甲，也就是他的認同，帶給他的好處非常多：

○ 不用感受脆弱，不必依靠別人。
○ 感覺每件事都可以做得很好，自己很充實。
○ 可以保護別人。
○ 呈現出自己想要呈現的樣子。
○ 讓別人信服。
○ 感覺意氣風發，就像是無敵鐵金剛。
○ 有能力阻擋一切他不想要的事物。

但這個認同，也帶給他不少限制：

○ 會抗拒愛，因為不願親近的人擔心自己。
○ 只能當照顧者，被照顧會覺得不自在。
○ 無法成長，無法向外求助。
○ 沒辦法被人了解。
○ 無法祈求神的幫助，因為並不信任神。
○ 這個盔甲隔絕了外界，也隔絕了自己。

○ 最後導致行動和思想僵化。

無法夢想自己想要成為的樣子

小剛其實最焦慮的事情是「無法成為完整的自己」。這個部分的他，一直躲在這個原型認同的背後。他說，那裡有個山洞，暗無天日。他是虛無的，苟且活著，不相信自己有資格去談「靈魂的使命」。他無法自由，更無法夢想自己想要成為的樣子。他就這樣被困在低頻率的世界裡，碰觸不到高頻的能量。

這個充滿恐懼的他，脆弱、悲觀，是他最不願承認的自己，他感到羞愧。於是，無敵鐵金剛繼續執行它的任務，小剛不必碰觸躲在山洞的自己。

他因為這個角色，得到許多人給的讚美：

○ 你很棒，沒有什麼是你做不到的。
○ 事情交給你就不會有問題。我們非你不可。
○ 你是最強的。

除此之外，「皮膚病」也是小剛的上癮症，拿來補償他的恐懼。他只要專注在皮膚上，就不會意識到自己內在的焦慮。

小剛感受到他的盔甲愈來愈沉重，帶著所有的補償行為，使得他幾乎難以移動。

然而，小剛對療癒的抗拒反應很強烈，畢竟這盔甲保護了他二十多年，無敵鐵金剛是個很有用的護身罩，讓他感覺強大，可以隔絕自己的脆弱、羞愧，甚至對皮膚病的厭惡都不會呈現出來。

我們反覆施行能量穴位的介入療法來化解他的抗拒（心理逆轉），最後，無敵鐵金剛的盔甲完全消融了。小剛不再需要它的保護。

沒有盔甲的他，可以在女友面前真實地呈現自己。他看到脆弱和堅強是一體兩面。他和女友在相互支持之下，體會真正的親密，連結更深刻。

小剛真實的自己比盔甲更有力量，因為他可以愛，也可以被愛。愛就是最好的保護。

接受脆弱，是能夠親密的開始

從上面幾個故事，我們看見「不能展現脆弱」的背後，其實隱藏了非常柔軟的心。俊明渴望家庭幸福美滿，對家人的期望全力以赴；小燕非常在乎父母，想要與他們連結，但是用憤怒隱藏自己的真心；小剛當了媽媽一輩子的照顧者，耗盡心力抵擋外在的破壞。這些人各自用他們的認同作為無形的盔甲，隱藏自己的脆弱與無助，深怕自己一旦垮了，別人將會承接不住。

脆弱本身不是問題，我們對自己脆弱的批判，才是真正的問題。不論我們戴上的人格面具是堅強、冷靜或樂觀，這都不是真正的自己。

當我們不允許自己對身邊的人呈現脆弱，我們便開始在彼此之間砌起疏離的牆，這是製造感情距離的一種方法，企圖對我們究竟能承受多少親密和情感，保有控制權。

在日劇《高嶺之花》裡，月島流的當家市松得知妻子的花道天分更勝自己一籌而感到不安，婚後開始疏遠妻子、拒絕她，不再和她親密，也不許她繼續創作，說她不符合他的流派。妻子絕望之下尋求慰藉而外遇了，生下情人的小孩。這個祕密令市松的手開始顫抖，不再能公開表演花道。他以藝術之名，竭盡所能地操弄身邊的人，想保有控制權，但其實自己內在早已失控。

在珍康萍的電影《犬山記》裡，英國演員康伯巴奇所飾演的角色菲爾，就是一個極力隱藏內在敏感脆弱的人。他向世界展現的自己是一個粗獷蠻橫、陽剛殘酷的男人，日復一日隱藏自己內心深處對同性的愛，以及對纖細柔美的盼望。他甚至加入父權世界，辱罵、霸凌陰柔的男孩，因為他自己內在的纖細男孩早已無處可逃。只有在四下無人的森林深處，他才能夠進入潔淨的潭水，洗滌放鬆，緬懷情人，袒露身體和心靈。那個柔情似水的菲爾，只有在潭水中才會出現。

當我們無條件地接受自己的柔軟與脆弱，就如同卸下了所有外在的武裝，進入敞開的潭水，浸潤其中。這時候便能臣服於當下，與自己親密，也對別人敞開。呈現脆弱需要淬鍊的勇氣、深沉的悲憫。如果能夠很細緻美麗地表達脆弱，就成了詩。

第九章 被前世定調的認同

這一篇我想要談的是比較特殊的認同創傷。這些人的認同創傷來自前世的經歷，是另一個時空的創傷深深烙印在靈魂的溝槽，像唱片繼續在來世的生命裡播放，定調了他們的行為和思想。

從宗教的觀點而言，這樣的現象稱為「業力」。然而，我覺得在這些案例裡，所謂「業力」比較像是靈魂的「創傷後壓力症候群」。個案在前世可能由於死前還有無法圓滿的心願，這心願神祕地渡過冥河，繼續在這一世啟動。他們的認同停格在前世，等待今生的療癒。療癒時，必須穿越時空，安撫前世的傷痕，也讓今生重新定調。

的確，在我的個案當中，有時候可以看到這樣業力的重複性，有些人好幾世都在經歷相同的情感模式，一次次地失去所愛，或一次次地遭受背叛。故事只是換了時間和空間，然而情節不停複製，這就是業力。

但是，不管業力的起點在哪一世，只要我們下定決心去解除，都可以療癒過去的創傷故事，停止業力運作，帶著清晰的覺知，重新選擇我們這一世的生活。

「我們經常在沒有意識的情況下，選擇了下一次出生的要素。這些要素是由我們先前的行動、思想和慾望來決定或選擇的。他們累積成深溝凹痕的印記，會跟著我們生生世世地遊走。……他們會創造出不同的人格以及不同的轉世，但全部都會朝著終極解脫推移。這些印記決定的轉世的所有特徵，包含了性別的男或女、會有怎樣的父母、會有那些兄弟姊妹、處於生命的何種階段，壽命的長短，以至於要遭受多少苦難、多少歡樂等，這機制並不牽涉一絲一毫的武斷或獨裁。也就是說，出生條件完美匹配了個體靈魂達成靈性成長的需求。」

——斯瓦米・拉瑪，《神聖旅程》

斯瓦米的話語清晰的註解了「業力」的牽引和靈魂成長的關係，可以為我們揭開下面三個故事的帷幕。

● 故事一 前世今生糾纏的業力

晉寧是樂觀開朗、活力洋溢的女子。她的笑容燦爛，具有感染力，不像一般會出現在我工作室的個案。

說明白一些，她自己本身就是一天到晚都在幫別人解決問題的人，為朋友兩肋插刀，對於陷入困境的陌生人，她親疏不分，赴湯蹈火。她自忖身為佛教徒，就該慈悲為懷。只要來到她門口，需要被扶一把、被安頓一晚的人，她照單全收。連街頭的流浪漢，她都可以帶回自宅，供他們梳洗，請他們飽餐一頓。

晉寧心懷慈悲，經常為了別人的事而奔波忙碌。但她卻不清楚自己想要什麼，她以為這就是佛教徒的「無欲」修為。

如果不是因為身體莫名的疼痛加劇，以及前世的記憶輪番出現糾纏她，讓她困惑不安，她可能不會尋求協助。她的身體正以疼痛督促她去探索自己的故事。

晉寧左背部的膏肓穴長期疼痛，左頭部有偏頭痛，喉嚨卡住，膻中穴無力。她感覺像是中了符咒，身體的症狀反覆出現，再怎麼按摩整復都無法消失。有時她在寺院抄經，背部的疼痛還會加劇，聽起來像是靈異事件的翻版。

在我們開始工作之後，這些症狀形同地圖，帶領我們走入她前世驚人的身世，以及延續至今世的業障。

晉寧心直口快，一開始談話便直接切入重點：

「不瞞妳說，我可以看見自己的前世，我從前曾經是清朝康熙皇帝的女兒，名為和碩溫恪公主。我記得自己被父親送到蒙古和親，嫁給一個素未謀面的蒙古王子，從此住在遠離家鄉的陌生地方。之後發生很多事，我知道自己是在一七〇九年生下雙胞胎的時候，被刺客殺死的。雖然歷史上說我是難產死去，但其實我是被刺客點擊頭頂的死穴而亡，因此身上看不到傷痕。我至今還有被點穴的感覺。那些被點中的穴位現在還會讓我很不舒服。」

為了驗證她的話，我上了百度百科，查到這位清朝格格的生平。的確如晉寧所言，歷史記載說她生下雙胞胎後，突然「六脈全無，牙關緊急，四肢逆冷」。

雖然我曾經幫助過許多人前世回溯，但是這種百科全書上都可以綃查到的「格格」身分的人，這還是第一次。然而，百科全書終究是「官方說法」，其中若有隱情，只能在稗官野史讀到。

善行是補償恐懼的行為

經過能量測試的診斷，晉寧身體的不適，是一個「原型認同」創傷造成的。

她一直以來有一種感覺：「我的愛是單方面付出，沒有交流，也無法擴展或延伸。」而這正是她的原型認同。

原來，晉寧一直贊助許多佛教僧人，可是有些僧人心生貪念，不斷以各種理由向她索求。而晉寧卻無法拒絕，導致她和僧人之間的關係就這麼單向直行。

這個認同所產生的行為，其實掩飾的是她最不敢碰觸的恐懼。她認為：「如果真的跟這些師父們有雙向的交流，我就會付出更多時間，導致忘了先生的存在，到時候沒有辦法維繫這個家。接著我會變得一無所有，病倒街頭。死掉之後，又要六道輪迴。」

晉寧急著要在這一世成道，不要繼續輪迴。她希望此生成為菩薩。

她對於無法完成此生的功課，無比懼怕。因此，她對於僧侶，或任何有求於她的人，都盡可能地布施或付出，她的善良行徑讓她成為有心人士募款化緣時利用的對象。

但其實，晉寧的慈善行為底下是恐懼再次輪迴。為了逃避這個恐懼，她讓自己很忙，一直做功德、做善事。她說自己有「捐款」的強迫症。只要看到電視媒體播放需要救助的人或事件，她就立刻捐款。這是她用以補償恐懼的行為。

然而，這個對輪迴的恐懼其實還另有蹊蹺。當我繼續探索晉寧對於六道輪迴的恐懼，發現還有來自前世的創傷故事，這才是影響她的重點，接下來各位要讀到的是歷史不曾書寫的故事，也是晉寧在接受治療當中對自己的回溯。

前世的罪過，今生的贖罪

和碩溫格公主和親嫁給蒙古王子倉津後，她從小仰慕的藏傳佛教上師從北京前來大漠探望她。但其實法師是有私心的，他真正要探望的是公主的貼身侍女。當公主意外發現自小愛慕的上師和她的貼身侍女在馬廄交歡，公主受到很大的打擊。

她一怒之下燒了馬廄，侍女因此被燒死。法師雖然逃出，她在盛怒之下，以此事脅迫法師和她發生關係。她還記著自己是和親的大清公主，不能夠踰矩，為了封法師的口，同時維護自己的身分和責任，她反咬法師非禮她來為自己脫罪。法師被殺害懲處。

這個年輕的格格從此墮入暗黑幽谷，被無止盡的懊悔自責折磨。她覺得自己這輩子因為身分特殊，身不由己，活得很痛苦。無法自由選擇自己的婚姻，愛自己所愛的人，她就像是一個玩偶，任人擺弄。

事後，她發現自己懷孕了，而且知道那是法師的孩子。為了保住孩子，她返回京城生產，以防事跡敗露。沒想到助產士是法師的女弟子所佯裝的刺客，前來尋仇和對質。這位女弟子不相信師父會做出非禮強暴的行為。公主向女弟子和盤托出實情後，知道自己罪不可赦，請她點了自己頭頂的死穴，但希望保全祕密和法師的骨肉。

故事一旦被說出來，我們就不難明白為何晉寧這輩子必須一直供奉出家師父，她的精力和錢財都是潛意識拿來贖罪的。

晉寧平日的主要活動就是參加法會和誦經，而且她終於明白為何今生還是受到藏傳佛教法師的吸引。她坦承，曾經在參加藏傳佛教法會的時候，被主持法師的風采攝魂。前世的愛慕之情，在這一世繼續延燒。其實，她不過是回到前世熟悉的情境，卻沒有察覺。

她發現所接濟的僧人當中，有個比丘尼正是她前世的侍女。當年她因為妒火焚心，把她燒死，自己十分內疚。業力使然，這位比丘尼一直對晉寧糾纏不清，予取予求。她所要求的一切，從辦事到捐款，晉寧都無法拒絕。

由於那一世所犯的錯，晉寧接受了一個可怕的詛咒：「你越想修成正果，就越不可能。你會永遠墜入六道輪迴。」這是被她陷害的師父死前對她發出的怨念。

晉寧對於要一直六道輪迴如此焦慮，正是這個詛咒的力量所造成。

晉寧的前世，無法愛其所愛，被送到異邦和親，只得麻木自己的感覺，埋葬自己少女的愛情。因為如果察知自己的感覺，她將面對無法承受之痛。

前世與今生都無法為自己做主

不僅前世的婚姻是父親替她決定的政治婚姻，今生的婚姻也是母親替她決定的媒妁之言。她並沒有仔細考慮自己的感受，就聽從母親，嫁給來提親的對象，進入一個超乎她想像的複雜大家庭。

我問她，在前世抱著自己才誕生的雙胞胎，知道自己馬上就要死去，卻無法照顧兩個幼兒，有什麼樣的感覺。晉寧一臉困惑地說：「我應該是很悲傷吧？」事實上，她完全感覺不到自己的情緒！連悲傷都只能是「想像中應該要有的感覺」。

她的身體可以感覺疼痛，她卻無法跟自己的感受共鳴。她一直在逃避心的感受。

在完整取得這個前世的故事之後，晉寧的各種莫名疼痛都消退了。因為我們身體的痛感一直在說故事，如果能將對應疼痛的故事正確而完整地說出來，進行相關的能量平衡，身體的症狀就會解除。如果找錯故事，弄錯因果，問題並不會消失。有時候，一個地方的身體疼痛不適，只有一個故事的印記，這時候平衡工作比較單純。然而，有時同一個地方的疼痛不適，是有好幾個故事的印記交疊在此，這時候就要做多次的清理和覺察。千萬不要因為一次治療工作，沒有完全移除疼痛而氣餒或放棄。

晉寧的前世創傷，某種程度繼續影響了她這一生的許多抉擇。不管在前世或今生，她都沒有替自己的婚姻做抉擇。她和自己的心一直是失去連結的狀態，她很難覺察自己的渴望。

解除了前世的創傷之後，晉寧很想要連結自己的心，知道自己想要什麼，這將會是她這一世接下來最重要的學習。

● 故事二 累世創傷帶來的無價值感

杏子罹患憂鬱症已經多年，一種難以言說的無價值感持續困住她。這個感覺不斷地將她往下拉，伴隨極大的焦慮，自信心徘徊在低谷。別人的讚美，她都聽不進去，但只要周遭一個責難或懷疑的眼神，她就會被擊垮。她很會拿小事折磨自己、否定自己，偶爾還有自殘的傾向。

雖然我們陸續平衡了一些杏子和原生家庭、特別是和父親之間的關係，杏子也的確從憂鬱的低谷往上爬，**然而我們必須面對的終究還是她強大的原型認同：「我很沒有用。」**這個認同經常出現在杏子的生活當中，將她往下拉。

這個認同的起始點並不在這一世，而是在一個前世的故事。

在那個前世故事裡，杏子對於當時社會的男尊女卑極為憤恨不平，一心想要改革。她是夏綠蒂女士的貼身侍女，對她忠心耿耿，使命必達。為了讓自己變得更強大，杏子一直鍛鍊身體，還偷偷地練劍（當年女性是不許拿劍的）。但是無論她再怎麼鍛鍊自己，她的身體就是女生的身體，有許多先天的限制。

夏綠蒂女士是公爵的女兒，雖然能力很好，被賦予領地大部分的管理責任，但在公爵過世之後，卻由於性別而無法繼承爵位。公爵的夫人處心積慮要讓另一個她所領養來的男孩繼承爵位和領地，夏綠蒂女士十分不甘心。這是一場複雜的宮廷內鬥，其間夾雜著母親和女兒的角力。於是，杏子為夏綠蒂女士策動了一場政變。

沒想到杏子的計畫出了狀況，許多無辜的士兵因而枉死。她安排由傭兵刺客假裝伏擊夏綠蒂和她，製造混亂以奪取象徵權力的信物，一枚刻著家族徽章的戒指。不料，戒指雖然成功調包，卻在杏子手中丟失了。

計畫失敗後，杏子深深自責，犧牲了這麼多無辜的生命，卻沒有達成任務。她羞愧得無地自容，她原本是想要幫助女主人獲得她應得的地位和權力，失去自己的生命也在所不惜，沒想到功虧一簣。她認為自己很無能，沒有價值，開始以自殘的方式懲罰自己。她像是瘋了似地對腹部猛刺，想剜出自己的子宮。她痛恨自己的性別，將失敗歸咎於自己身為女性。

「為何世界是由男性掌控？為何女性只能夠當軟弱的角色，嫁人、生小孩？結婚之後就不能做自己想做的事？」這些社會的性別框架都令她痛心。她認為夏綠蒂女士太懦弱心軟，於是她越俎代庖，替女主人執行她沒有說出來的計畫。

其實，杏子更深層的恐懼是：「就算她真的順利執行計畫，又能改變什麼？」她心底不相信她們的計畫真的會有什麼影響，她認為她的存在是沒有價值的。

所以，這個「無價值感」是累世的創傷。在前世的封建制度之下，女性的選擇很少。然而，杏子在這一世依然為此所苦，覺得自己的父母重男輕女，弟弟擁有比她更多的資源，因此比她更有資格做自己。

杏子在前世以極度痛苦的方式結束性命。她身為女性的無價值感烙印在靈魂裡，延續到這一生。這依然是她今生最在意的課題。

但在二十一世紀的台灣，女性的地位和杏子前世的歐洲封建制度時代已截然不同。雖然某些家庭以及社會文化依然有重男輕女的現象，然而許多女性已經成為優秀的家業繼承者，並且被賦予重任，這世界已有女總統、女總理、女工程師、女導演⋯⋯

平衡了杏子前世的創傷和原型認同底下的核心恐懼，她終於停止對自己嚴苛的批判，放下想要自殘的念頭。她的憂鬱症起因於無價值感，而她的無價值感來自於前世的創傷故事所定調的自我認同。平衡了前世的故事之後，杏子看待自己的觀點改變了，她逐漸拿回自己的力量，憂鬱症也不再有燃料可以繼續運作下去。

● 故事三 與團體連結的莫名恐懼

不知道為什麼，小威只要加入任何靈性團體，就會極度不安，想要和團體成員拉開距離，難以分享自己上課的想法或感受。他對於和團體產生連結有莫名的抗拒。

當我們一起探索小威的不安時，出現了一個原形認同的創傷：「我是災難的源頭，一切從我開始。」

當小威不假思索說出這句話時，他自己也很驚訝。理性上，他不了解這個感覺從何而來。我們透過他身體的不舒服反應，知道這是一個前世的故事所造成的想法。以下是小威回溯的故事：

我們住在森林裡，是一個和別處很不一樣的社區，被外面的世界定義為異端。外界給我們壓力，希望我們改變原本的生活方式。我非常憤怒，代表社區去談判。他們要我回來勸社區的人改變想法，但我不想要大家改變，所以我告訴社區的人這場談判失敗了。我讓社區的人以為我們是沒有出路的。

但是社區的人後來發現了真相，知道我在掩蓋事實，我被驅逐出森林。在盛怒當中，我詛咒他們：「不服從我，就會有不好的下場。」沒想到之後，社區就有了森林大火，很多人都死掉了。我的詛咒竟然成真。我非常害怕，覺得自己的詛咒太靈驗了，從此不想再說話，也不敢加入任何靈性團體。

這個故事，清楚地說明了小威這一世還被前世的創傷影響，認為自己如果與團體連結，就會造成不好的後果，還會引發災難，造成團體成員非死即傷。

前世的故事裡，他因為獨斷的決定而被團體驅逐，非常受傷；然而他後來的怨念，導致詛咒成真，促成團體成員的死亡，讓他更加害怕。

今世的他，雖然不記得這段往事，然而被莫名牽制，抗拒與靈性團體有所連結。當前世的創傷被平衡，小威終於不再那麼害怕，能夠讓自己開始在團體裡分享自己的想法和故事。我們陸續發現，小威對於靈性團體的恐懼，還有其他的前世故事，需要去覺察和平衡。

放下過往的創傷，不再重複同樣的戲碼

一般而言，原型認同創傷多是此生的事件積累所造成，但上面三個故事讓我們知道，前世的創傷如果太過劇烈，靈魂會攜帶這個創傷的印記前往下一個生命，而舊有的認同會延續下來。這是因為靈魂總是尋求療癒創傷、掙脫業力，不管是在哪一世、在何處。

即便身體已經不是原本的身體，我們的意識和認同依然會受到尚未療癒的傷痕所牽絆，產生扭曲與執念。然而，業力一定能解，只要我們心裡願意放下過往的創傷，就不需要重複同樣的戲碼。

第十章　我是我的身分

有時候我們所認同的身分，會帶給我們一種使命感、耀眼的光環或令人尊敬的頭銜，讓我們感到存在是有價值的，人生是有意義的。不同於前面幾型所表現的某些「負面」的自我認同，這型的認同經常帶來一種篤定的氣息，以及看似正面的力量，這種特質讓我們在社會上有了立足之地，有了可以被定位的座標，理直氣壯地以自己的身分贏得社會的認同。

譬如：「我是個好人」，「我是個母親」，「我是老師」，「我是治療師」，「我是助人者」……這些頭銜或身分看起來十分正向，不容置疑。但以這樣的言語來稱呼自己的人，正在把生命寬闊的複雜性簡化為一個概念。就像所有的認同創傷一樣，當一個人過度認同他的身分，成為執著於特定身分的人，其實就成為被這個身分蒙蔽的人了。

我們的言行思想終究會被這個角色所制約，乃至扼殺其他的可能性，這讓我們的選擇變得十分狹隘。於是原本在生命中的其他身分被漠視、被遺忘了，我們的存在被濃縮為這個身分認同。這個身分吞噬了我們其他的身分來成就它自己，這就形成認同所造成的創傷。

於是，我們使盡全力地成為這個「好人」、「母親」、「老師」、「治療師」或「助人者」，任何違背這個認同的事物，我們都會自動剔除。這時候我們想要維護這個角色的生命，大過於自己的生命、界線，甚至自身的完整性。

雖然，所有的原型認同都攜帶著某種程度的強迫症，但是這種「正面角色」的認同，強迫症的傾向更為鮮明。我想，這是因為這樣認同會帶給一個人比真正的自己更多的掌聲或目光，於是我們不知不覺地對這樣身分產生癮頭，而這個身分似乎也開始形成它自己的生命。

● 故事一 我必須是個好母親

雅君看來又瘦了一圈，鵝蛋臉更尖細，似乎有點力不從心。她是家庭主婦，也是兩個女兒的母親。我們一邊說話，她一邊哄著小女兒。小女兒就趴在雅君胸口跟媽媽討抱抱。雅君不是沒有請保母，只是小女兒太黏她了，不肯跟保母待在一起。

雅君的小女兒看起來顯然有分離焦慮，但這和雅君的態度多少有關係，她不太放心把孩子交給別人照顧。

不僅是小孩的事，連家裡的許多事，雅君都習慣親力親為。她擔心別人沒做好、不合她的意，她還得要善後，如此更麻煩費事。結果就是，她常累到心臟無力、全身虛脫。

「好母親」定義了她的價值

自從第一個女兒誕生後，先生就要雅君辭掉工作，在家專心帶小孩。就如同台灣許多婦女一樣，生小孩後就離開職場，帶小孩成了她的「正職」。第二個女兒誕生後，雅君更努力想當個好母親，育嬰書籍少說看了一打。她認為自己沒有工作，沒有太多貢獻，所以必須是個「好母親」。這身分如今定義了她的價值。

雅君不想要被傳統的媳婦定義束縛住，然而她已經不知不覺地束縛了自己。為了不讓婆婆有說嘴的理由，她就算再累，也不願找婆婆幫忙，怕婆婆從此介入孩子的教養問題。她也不能找先生幫忙，因為先生是個媽寶，從小被寵壞，他最後還是會把事情推回給婆婆。此外，她對自己要求很高，一肩挑起家裡大小事，極力把事情做到最好。

雅君的挑戰是很具代表性的。仔細聽，便會發現這麼努力的雅君，依然在尋求先生和婆婆的贊同以及社會的肯定。透過外在的肯定，她肯定自己。

她說，害怕在別人的眼裡，她是個閒閒沒事幹的人。這裡的「別人」，主要是指社會的眼光。但事實上，她的擔憂源自於內在低落的自我價值，令她用把自己榨乾的方式來獲取價值。她好強、負責，而且不甘示弱。

她的確展現出敏捷的組織能力，把兩個女兒打理得很好。為了照顧她們的健康和學習，雅君殫精竭慮。

透過所扮演的「角色」與人連結

雅君的原型認同是：「我必須是個好母親。」

雅君靠著扮演的「母親」的角色來找到安身之處，因為她覺得自己正在虛度人生。於是在面對社會、面對人群時，雅君唯有穿上「母親」這個身分，才能建構出自己在社會中的正當性。

就像很多人，對自己使用的稱呼是「我是某某的媽媽」，連自己的名字都省略了！這樣的自我介紹，其實已經顯示出「母親」的角色凌駕自己了。

雅君無法以「自己」跟別人連結，只能透過所扮演的角色——「母親」——來與人連結。

相對於事業有成的先生，雅君覺得自己一事無成。她的無價值感反映出台灣社會許多母親的糾結，認為生孩子、帶小孩是毫無成就、也沒有地位的事。

雅君其實是個很愛讀書、有自我主張、很上進、聰明也喜歡思考的女人，但是受制於「母親」的角色，她很難在其他方面喚起足夠的熱情。畢竟扮演好母親的角色，就已經耗盡了她的精力。

自己的聲音總是被忽視

雅君找不到熱情有許多原因，主要來自她早年與母親的關係。

她從小害羞木訥，而妹妹開朗活潑、個性討喜，所以自己常被父母嫌棄。雅君的天性，從小就不被接受。她一直覺得自己必須要變成另一個人，才能夠被父母喜愛。

她想學鋼琴，母親帶她去學珠算。

她想學芭蕾，母親帶她去學游泳。

雅君的需求很少被聆聽。母親老是自作主張。

雅君說她小時候想要跟母親說話時，總是被母親推開，被忽視的感覺非常強烈。這個情境也創造出她假性的獨立，認為一切事情都必須自己來。

這些童年創傷有著深遠的影響，一方面削弱雅君的自信，一方面也令她想成為一個和母親截然不同的媽媽。

「我不知道該怎麼當媽媽。我很不穩定，主張一直改變。我會下意識地去配合別人，很容易被影響。」雅君很無奈地說：「女兒也被我影響，導致她不相信自己。她身體有各種過敏，極可能是她被我弄得無所適從。」雅君很容易責怪自己沒有做好。

先成為聆聽自己的人，才能被聆聽

她小時候被迫服從權威（父母），因為要依賴父母過日子；現在家裡的權威是先生，她在經濟上必須依賴他過日子。她非常害怕，如果表達自己的主張，就會失去愛，失去目前優渥的生活。

但這是真的嗎？雅君的無價值感，是小時候和父母關係所養成的，並不是事實。實際上，我看到的是，先生依賴著雅君把家裡打點好，照顧好小孩，他才能夠在事業上心無旁騖。陪伴孩子的工作是困難的，需要智力、細膩、體力和耐力。雅君正在做的事，是先生都做不來的。

小時候無法為自己發聲的雅君，要把這個功課繼續做下去，這是她的第二次機會。

首先，雅君必須先練習成為願意聆聽自己的人，也相信自己有被聆聽的價值。這個從小被壓抑和忽略的內在小孩，要先被雅君自己接納。她需要往內走的旅程，才能夠發現自己。然後，她要能夠欣賞自己獨特的個性，安然做自己，累積出內在的自信與力量。如此，她才能協助女兒們發現自己的力量與自信。有了自信，在哪裡都會感到安全。

● 故事二 只能當「好人」

湯姆一頭亂髮，才清晨便十分憔悴，一天還沒開始呢，他好像已經彈盡援絕。原因是再過三個月，他必須前往英國，他的焦慮與日俱增，晚上都睡不好。

湯姆每年夏天都被邀請去英國授課一個月，這是他工作主要收入來源之一。但是，邀他合作的同事朱蒂令他很頭痛。

過去幾年，每次湯姆去英國工作，朱蒂全然不尊重他的界線，隨意闖入他居住的地方，把他當司機使喚。湯姆怎麼抗議茱蒂都當耳邊風，她一切都以自己為中心，卻不聽別人的想法。

我問湯姆為什麼不能保有居住的隱私，他說，朱蒂要求他住在她空出來的公寓，以便節省開支，如此一來，朱蒂就不必支付湯姆的旅館住宿費，同時隨時可以要求搭便車，還省下交通費。而且這間公寓就在朱蒂的家對街，湯姆逃不開她，對她的不合理要求都難以拒絕。一來他想當「好人」，二來他害怕朱蒂生氣，兩人關係會斷裂。

合約上寫明，朱蒂必須支付湯姆的旅館住宿費和機票，但朱蒂的安排顯然違反他們之間的專業合約。湯姆不敢計較，害怕惹怒朱蒂，他會失去這份工作，同時失去他重要的一份收入來源。

湯姆的恐懼，加上他習慣扮演「好人」，導致他無法釐清自己的界線，表達自己的真實感受，讓朱蒂占盡便宜，自己卻只能生悶氣。由於無法處理這樣的霸凌，又要前往英國授課的湯姆焦慮萬分。

「做好人」成為絆腳的藤蔓

朱蒂的問題只是其一，湯姆在家庭關係裡也被「好人」延伸出去的藤蔓綁手綁腳，他和妻兒的關係都陷入類似的無力感：從好人，好丈夫、到好父親……。

在「好人」原則為基準的世界裡，湯姆長期把別人的需求列為優先考量；而當他無法同時照顧自己的需求時，湯姆變得沮喪、怨怒、無力。

歸納起來，湯姆**「必須當好人」的原型認同**，帶給他的好處是：

○ 我很負責任。
○ 是個會照顧家人的好先生。
○ 不會令人失望。
○ 會因此而被愛。
○ 不會被拋棄。

這些好處讓他成為別人不可或缺的重要伙伴和家庭成員。

湯姆的原型認同，帶給他的「限制」則是：

○ 沒有自己的人生。
○ 不能做自己想做的事，必須以他人的事優先。
○ 覺得很累，永遠休息不夠。
○ 可能因此過勞，提早死掉。
○ 感到被工作壓垮，喘不過氣

如果令人失望，就會被拋棄

在認同所帶來的好處或限制底下，湯姆力圖掩飾的是內在的不安全感，他以「當好人」來排除存在的焦慮：如果沒有價值，就不能被愛；如果不是不可或缺，他可能隨時被拋棄。在關係當中，他認為自己不值得被照顧，必須扮演照顧者的角色。照顧者可以掌控情況，否則大家若離他而去，他就沒有家人可以依靠，最後孤獨終老。這才是他最核心的恐慌。

打從結婚開始，他就抱著這個莫名的焦慮。妻子對他發怒的時候，他總覺得很害怕，好像天要塌了。

說來很弔詭，湯姆跟我表示，他一直以來的幻想是：希望自己很有錢，住在一座城堡裡，有許多僕人為他服務，而他什麼事也不必做。這個幻想正是他的補償，好讓他暫時忘卻自己的恐懼。

湯姆已經到了退休的年紀，他渴望的生活是能夠怡情養性，吹黑管、玩音樂，但他卻無法為自己安排出時間。他每天早上要把早餐端到太太的床邊，配上熱騰騰的巧克力，卻沒空做他早上想做的伸展運動。兒子無理取鬧，在公車上撒潑，讓他瀕臨崩潰時，他也無法確立界線⋯⋯湯姆在工作上、在家庭裡，都是「濫好人」。他內在躲著一個才八歲的小男孩，不願別人對他失望，害怕別人生氣。

不讓別人失望，必須自己繼續割地賠款，賠上自己熱愛的事、時間和精力。為了和他人連結，他失去和自己的連結。湯姆雖然渴望放下原型認同的束縛，但他也害怕如果劃下界線，改變行為，他會真的被「拋棄」。

追本溯源，湯姆從小就有個體弱多病的母親，因為心臟先天的結構異常，隨時可能會離開他，導致他害怕被遺棄。然而，更深遠的影響可能是來自於他的祖先。他們是愛爾蘭難民，從歐洲輾轉流落到美國。這一頁移民血淚史，深植在他血液裡。他沒來由地就覺得自己會頓失所依、流落街頭。

能夠愛自己才能照顧自己的需求

他壓根不相信宇宙會抽空照顧他，他想要控制的東西很多，收入、食物、關係、健康⋯⋯

同事朱蒂的問題，比較容易處理，進行了能量心理治療之後，湯姆隔天馬上通知朱蒂的祕書，今年他希望住在旅館。湯姆終於意識到朱蒂所仰賴的是他的教學能力，而不是他的開車技術。

然而，妻子和小孩的問題，繼續挑戰著湯姆的自我價值。我們陸續工作幾次，他沒把握妻子和兒子是愛他的。如果不討好大家，他可能不被拋棄嗎？

重點是，他愛自己嗎？

如果湯姆有天真的能夠愛自己，把自己的需求放在第一位，吹奏起他久違的黑管，找回自己熱情，他會更有自信、更有魅力，不需要藉由討好模式來維繫關係。這樣的他，可以真正成為兒子的榜樣，立下健康的界線。如果做早餐是生活中浪漫的選項，而不是強迫行為，湯姆便讓妻子開始有了成長的空間，不那麼依賴他。有一天，她甚至可能會反過來做早餐給他吃？

讓生命有多重身分

從雅君和湯姆的故事，我們可以看到，任何時候當扮演某個角色成為我們存在的方式，就一定會形成創傷。身分認同的底下，必然是不曾覺察的恐懼所醞釀出來的焦慮。

如果除了當母親，當好人，我們也可以當妻子、朋友、作家、樂手、魔術師或發明家，我們的生活可以更豐富多彩。只要拓展對自己的定義，讓自己的生命有多重身分，恢復流動，焦慮自然會慢慢萎縮。同時，我們也會默許身邊的人，孩子或伴侶，更多的獨立自主。

第十一章　以競爭／攻擊掩護脆弱

這個認同類型的人，在外表會展現出競爭或攻擊的言行，來保護甚至自己都難以觸及的脆弱與無力感。

工作夥伴、上司、伴侶、手足、特定的人，都有可能成為假想敵，對他們產生威脅。為了不讓自己屈居下風，必須先下手為強，防範未然。為了避免和脆弱掛鉤，就必須堅持己見，不能認錯，把自己的觀點守住。如果敞開心去理解別人的苦楚，自己就輸了！輸了就等於失敗。

雖然都是隔絕掉自己感到脆弱的部分，但是他們和第八章〈隔絕脆弱〉的認同，表現方式卻有天壤之別。

第八章的典型是因為害怕被拒絕，為了自己創造的形象和價值，而隔絕脆弱，不能表達出需求。本章的典型則是帶著憤怒的火力，捍衛自己。他們一面表達自己的需求或立場，一面認定對方不會順應他們。雖然他們攻擊別人，然而基本上覺得自己才是受害者。他們對於受到脅迫、不公平、被欺負有著高度敏銳的雷達。

如果第八章的典型是以犧牲奉獻、照顧別人來當自己的盔甲，隔絕脆弱，那麼這一章典型就是以批判攻擊、競爭較量來當自己的武器，在面對世界的時候，以強悍的姿態揮舞著，不見得真的會進攻，但至少虛張聲勢，不讓別人靠近看見他們內在的軟弱或空虛。然而在夜深人靜、四下無人時，他們知道自己並不喜歡這樣的自己。

● 故事一 將內在衝突向外投射

蘇晴的情緒最近幾近崩潰，嚴重影響了她的工作和親密關係。她和先生一起創業，但最近常對先生發脾氣，在股東會議時也與其他夥伴爆發了激烈的衝突，情緒屢屢失控。她急切地問了一長串問題：「如果我無法思考自己的想法，我如何能夠知道我是誰？我要做什麼？我想要創造的是什麼？」

她的確說到重點了。如果一個人的思考模式，很自然地總是去感受別人所思所想，以他人為優先，以公司為優先，二、三十年運作下來，當然她和自己的心的距離愈來愈遙遠，和別人的心的距離反而比較近。這點令她愈來愈憤怒、挫折。

她想要退休，卻退不了；希望能停下來休息，卻停不了。像是關在籠子裡的白老鼠，不停在踩著車輪，卻逐漸地失去意義。連原本熱愛的工作，都不再激發她的熱情。

蘇晴把這一切怪罪於她的先生不肯停下來。先生喜歡他們共同創立的公司，他熱愛工作，要一直工作到死去那天，鞠躬盡瘁。而她則被迫配合先生繼續留在她的職位上，繼續當公司的管理者。只要先生一天不肯退休，她就會跟著不能退休。因此，她經常用言語攻擊先生。她覺得她無法在晚年過更自由、更隨心所欲的日子，都是先生害的。

然而，每次攻擊先生之後，蘇晴總很自責。因為先生多是冷靜以對，不跟她吵，這讓蘇晴覺得自己更糟，她寧可他們大吵一架。他們去做伴侶諮商，結果連諮商師都站在先生那一邊，同意他的看法。蘇晴氣炸了，不再去諮商。

「如果我停下來，公司就會垮掉，公司若垮掉，我豈不就能名正言順地休息、退休，過我想過的日子？但我一方面渴望停下工作，一方面卻努力救火，要公司繼續營運下去。」

蘇晴深知自己的行為充滿矛盾，她的行為和她想要的結果背道而馳。她一方面希望這間公司和組織不存在、瓦解了，好讓她自由，但是另一方面卻非常努力在維繫公司和組織的存活。

內在的許多部分，無法統整

當一個人的行為和他所想要的結果背道而馳，我們首先要懷疑他的自我認同是否出現嚴重的危機。內在許多不一致的部分，投射於外在的情況當中。

公司近期的營運並不順遂，疫情之下人心浮動，總務才剛剛請辭，私人秘書也遞辭呈，又接連走了幾位高階主管。屋漏偏逢連夜雨，她這兩年一直在做危機處理。但她的舉棋不定，也導致公司的政策搖擺。

除了情緒的問題，蘇晴這兩年的身體也亮起紅燈，她的消化系統、神經系統、心臟都出現問題。胃口遞減加上腸躁症，吃什麼都難以吸收。她到醫院做了各式各樣的檢驗，卻查不出具體的毛病。身體所反映的其實是內在很深的焦慮。

這焦慮不僅擴延到身體，也擴延到環境，她所居住的地方和氣候都令她不耐煩到極點。她想要搬離她和先生居住的城市，但要去哪裡呢？她在這地方已經住了二十多年，照理說，應該早就適應當地酷熱的天候，為何突然無法忍受，感到窒息呢？

蘇晴極力想要掙脫的其實不是這裡的氣候或環境，也不是這個伴侶或這間公司，而是她自己禁錮著自己的認同。

她的問題源自於一個原型認同：「我對自己想要做一些創造性的事，沒有安全感。」

這個認同帶給她的好處是：

○ 確保她的生計與成就。
○ 讓她感到安全。
○ 她把自己的能力和創意貢獻給先生，完成先生想創造的事業。
○ 她因此獲得許多掌聲和認同。
○ 她不需要努力去想自己要做什麼。
○ 她在自己創立的公司得到歸屬感。
○ 她逃離了原生家庭所有的困難，只專注在和先生共創的事業。
○ 看起來她似乎有個目標和意義，也造福一些人。
○ 她不必去處理自己的恐懼、焦慮、孤單。
○ 她可以把內在的自我衝突丟給先生，一切都責怪他。

這個認同帶給她的限制是：

○ 工作量超載，覺得快要發瘋了。

○ 無法處理自己的內在衝突。
○ 不再相信先生是愛她的。
○ 會以自己的問題折磨先生。
○ 覺得自己被孤立了。
○ 變得十分易怒、暴躁、瘋狂。
○ 覺得沒有人可以幫助她，因為她是管理者，她無法跟任何人分享自己的難題。
○ 由於對自己感到羞愧，她也和朋友不再聯繫。
○ 她發現自己有問題，覺得自己很糟。
○ 她早年很想學藝術，現在卻和自己的創造力失去連結。

蘇晴其實對於自己的原型認同所帶來的限制頗有自覺。「別人所認識的我，事實上不是我。我扮演這個角色那麼久，又演得這麼好，無法謝幕，只好一直演下去。好像演員再也脫不下這個角色。我不再知道自己是誰。」蘇晴陳述她的困境，隨著這個陳述，新的自我覺察開始萌芽。

她知道她的身心症是源自於心。

我們的身體其實一直在教我們許多的事。蘇晴的心受困了，卻無法言說，身體幫她都說了：神經無法鬆懈、記憶力衰退、消化不良、食欲不佳。最後，連心律都不整。

核心恐懼

她的原型認同想要遮蔽的核心恐懼是：「害怕沒有歸屬感，失去家，成為無家可歸的人。」

補償恐懼的逃避／活動

她以攻擊先生來逃避她內在的恐懼。只要把她無法連結自己的過錯都推給先生，她可以繼續忽視內在衝突的聲音。

療癒「保護者」從小的創傷

原來，蘇晴童年時曾經有一段時間，父母因為金錢糾紛，必須舉家搬到另一個國家以逃避債主糾纏。她還在上幼兒園時，就搬到一個語言陌生、文化不同、沒有朋友的地方。她唯一的辦法是盡量表現得和別人一樣，適應別人的文化。

蘇晴很小便感受到家裡匱乏的氛圍，以及別人輕蔑的眼光與不尊重。雖然她自己在求學時期有很好的表現，成年後也努力工作，和先生自創品牌，算是家人當中成功的典範，然而內在有部分的她似乎殘留著早年在異鄉立足的艱辛，相信必須把頭低下、不要與人衝突，才能夠確保安全。否則可能連這裡也待不住，流離失所，成為無家可歸的人。

雖然她外表很獨立，少小離家，自己在外面打拚，已是一間公司的董事長。平日雷厲風行，直言不諱，常與親密夥伴脣槍舌戰。但只有她自己知道，在緊要關頭，她都是說不出話來的。她能敏銳地覺察夥伴的心意，不由自主地應和股東們的決議。對這樣的自己，她很生氣，覺得自己很窩囊。

這樣的行為模式，讓她無法「想自己要什麼」，一直是「想別人要什麼」，「我要做什麼去融入」，她對自己想要創造的東西失焦了。

終於知道，她真正憤怒的是什麼，她表面上攻擊先生，其實對於自己無法「知道自己要什麼」感到很挫折。

我們一開始的療癒工作並不順利。花了好幾個小時，在清理蘇晴的心理逆轉，她內在有個部分一直阻撓療癒的進行。這是蘇晴的「保護者」，她害怕如果不繼續以他人為重，自己將無家可歸。我們要先治療這個保護者從小的創傷，才能夠推動現在的療癒。保護者還凍結在小時候的時空，沒有與時俱進。

幸好，療癒了保護者的抗拒之後，蘇晴的進步非常顯著。在我們陸續工作半年之後，她所有的身心症都消失了，身體系統也恢復正常。

大家一定很好奇，蘇晴有沒有繼續回公司工作？有的，但是她在工作當中，注入更多的創意，開心地分享她自己，也積極栽培接班人。重點是，她發現可以讓自己好好休假，也沒有焦慮或愧疚了。

● 故事二 不能被欺負的刺蝟

莉莉又和老闆勞倫斯頂嘴，氣氛很不愉快。她是業務助理，老闆常常要她去支援別的部門，是許多部門的連結。她總覺得自己被賦予很多本來不該她做的事。

她覺得是勞倫斯沒把工作交代清楚，她卻成了被責怪的對象，心裡很不平。當她拿勞倫斯說的話頂回去，勞倫斯就會惱羞成怒，說她在推卸責任。

她嫉妒別的同事好像做做樣子，就得到勞倫斯的賞識，而她無論怎麼做，勞倫斯總會批判她，嫌她動作慢、嫌她不周全。她很氣工作分配不均，勞倫斯則說她太計較，言語太直接，容易刺傷別人。她覺得，自己才是經常被勞倫斯刺傷，卻無法發作。但這是她好不容易找到的工作，不能搞砸。

莉莉希望自己情緒穩定，不要受老闆和同事的影響。她現在經常被牽動，每天不開心。

她常覺得同事都是競爭者。

莉莉從開始工作，一直有權威的議題。

她的原型認同是：「我是個刺蝟」。

當一個刺蝟的好處是：

○ 可以保護自己不受傷。
○ 可以躲在刺裡面，隱藏自己。
○ 可以傷害別人，讓別人跟我一樣痛。
○ 讓人不會欺負我，不敢靠近我。
○ 覺得這個世界很不友善時，可以躲在自己的小世界。

當一個刺蝟的壞處是：

○ 讓我碰不到別人，跟別人有距離。
○ 讓愛我的人受傷。
○ 無法有創意或發展，自己被卡住。

○ 所有的人離我遠去，孤獨寂寞。
○ 能量虛耗。
○ 身體一直在緊繃狀態。

懦弱會被瞧不起

核心恐懼

莉莉其實最害怕自己很懦弱，會被別人瞧不起。一旦被發現自己沒能力、不勇敢，就不再被人喜歡。她會孤單寂寞，然後會死亡。

補償恐懼的逃避／活動

她經常為自己打氣的話是：

「我是個聰明的員工，很多老闆的能力都不如我。」

「我很善良、講道理，如果我說別人不好，她一定是不好。」

莉莉的另一個補償行為是網路購物；她買了許多自己並不需要，甚至從來沒拆開過的東西，花了不少冤枉錢。

當我們最後和她所剝除的恐懼以及認同的能量對話時，它告訴莉莉，它希望她這一生能學習愛。

莉莉早年和自己的父母和兄弟有許多衝突，她覺得自己是被迫搬離家，在外面租房子。可是她沒有把握能夠單獨生活，於是很早就結婚。她內在一直覺得自己並沒有被父母尊重或疼愛，藏著很多埋怨和傷痕。

莉莉因為對自己的愛不夠，渴望得到外面的認同和稱讚，把自己的力量交出去，於是權威的話對她造成很大的影響力。如果努力了卻沒有得到認同的時候，就會反噬，成為怨怒發射出去。

放下了這個刺蝟的原型認同，莉莉變得更柔軟，和伴侶的關係也更親近了。愛的練習題很多，她還會繼續做下去。

● 故事三 我的東西不能被掠奪

愛麗絲每次來見我，都是衣飾華麗，精心妝扮。她是個美麗的女人、妻子和媽媽。然而對於自己的價值，她有很深的不安全感。她希望自己能夠自由一些，不要這麼緊張，一直處在防備狀態。

對愛麗絲而言，美是她很大的價值。愛麗絲把自己的存在押注在自己的美，她認為外表是重要的。她的美麗外表和她畫上等號。為了維護自己美的形象，她連去倒垃圾、買牛奶，都要弄好頭髮、化好妝。一旦在任何地方，自己的形象被破壞了，她就會讓自己消失，不再出現在那一個地方。她不能忍受自己丟臉，或被別人比下去。

她的女兒是身障兒，一誕生就發現脊椎有缺陷，導致無法像一般小孩那樣挺直，終身需要坐輪椅，身形也會萎縮。她對小孩生來就有缺陷這件事忿忿不平，這破壞了她想要維護的美麗形象。她至今無法接受她的女兒以及女兒的身障狀態，她是那麼需要周遭的人注視，但現在大家注意到的她，是一個身障兒的母親。

愛麗絲痛恨這樣的命運，覺得自己因為這個孩子一輩子失去自由。她甚至嫉妒小孩的同班同學，有些人的問題比較輕微，還可以走路，更不用說完全沒有問題的小孩了，她看了就覺得矮一截，很難受。

愛麗絲的原型認同是：「我必須防範別人把我的東西搶走。」

愛麗絲害怕被搶走的東西還滿多的：她的魅力、先生、光環、功勞，以及別人對她的注目。

放眼望去都是競爭者

因此，愛麗絲過得戰戰兢兢，放眼望去都是她的競爭者。她不喜歡先生看別的女生。任何穿著性感的女人，都令她厭惡。她排斥、防備年輕漂亮的女人，她不要有人當她的對照組出現在她面前。為了避免先生看到別的女人，出去購物時，她要先生待在車裡等，她自己進去百貨公司。百貨公司裡有太多長髮的性感女性了，隨時會有誘惑。帶女兒去學校時，為了迴避其他漂亮的媽媽，她會繞道而行。她無法停止比較，更害怕自己屈居下風。

對愛麗絲而言，人生像是個擂台，老是有人上來跟她決鬥，只要贏了這一場，就會有下一個人跳上來。她筋疲力竭。

她怨恨的不僅是不斷冒出來掠奪她的皇冠的陌生女子，她也怨恨公婆和爸媽。她認為，他們都應該要幫忙她帶小孩，因為是他們要她生小孩，他們必須負責承擔。每次他們拒絕她的要求，愛麗絲便很憤怒。

對愛麗絲來說，自己是全世界最辛苦的人，這一點大家都應該要認同。就算幫忙她照顧女兒的家人，也不可以掠奪她的功勞。只要聽到有人說她的媽媽或婆婆很辛苦，她就怒不可遏。

辛苦，她是舉世無雙。皇冠只有一頂，她很怕自己的光環被搶走。

她的核心恐懼是，她所擁有的光環、魅力、伴侶及注意力被他人掠奪。她會失去面子，在群體裡不被注意。而如果她不再是群體裡最受矚目的那個的女人，她就失去所有的價值，沒有存在的必要了。

所有美麗和有才華的女人都是她的假想敵，對她的世界造成威脅。

愛麗絲對於療癒自己，其實也有抗拒。如果可以的話，她會希望活在一個沒有其他性感女人的世界，因為這些女人都對她造成干擾、威脅，令她焦慮，她希望她們通通消失。

隔絕有威脅的人

她想把自己的世界牢牢守住。嫉妒別的女人，並且批判她們，想盡辦法「隔絕這些可能威脅她的女人」，成了她的補償活動。

愛麗絲小時候非常喜歡俊挺的爸爸，她覺得爸爸讓她好有面子。她會嫉妒媽媽和爸爸在一起，媽媽成了她的競爭者，她說，媽媽不喜歡她和爸爸太親近。

愛麗絲想要減輕焦慮，回到自由的狀態。除了上面的認同，還有許多其他的認同，需要放下。譬如：若她不再「把魅力和自己的價值」劃上等號，她就可以不再受其他的女人威脅。或者，她可以停止「和他人比較」，專注於發展自己的才華，從中獲得滿足。再者，她若不再以「被家人虧欠」的理由，去責怪身邊的家人，而是懷著感激的心情去面對每個來幫助她的親人，她自己會更舒坦，也會得到更多體恤和幫助。

但是這些內在的問題，愛麗絲還在閃躲。她的敵人其實不在外面，而是在她自己裡面，她的作為正在孤立自己。在擂台上，她打鬥的每一個人，其實都是她自己。

只要她繼續仰賴外面的掌聲和注視，來確認自己的存在價值，她離自由便愈來愈遠。競爭和比較，最後會把她縮限在一個狹小的空間，她的心也被縮限了，無法展開。她的怨懟能量，會繼續把原本想幫助她的人推得更遠。

競爭帶來虛耗，欣賞帶來美好

當我們必須贏得競爭才能存在，必須攻擊別人才能捍衛自己，世界就成了競技場，沒有朋友沒有貴人，沒有幫助，只有想打倒你的敵人。蘇晴、莉莉、愛麗絲，都活得好辛苦，她們把憤怒往外投射，嫉妒媽媽、手足、同事、先生、陌生人……

嫉妒會讓一個人不斷虛耗，無法看見對自己真正重要的東西。嫉妒，是不斷看到別人有我們很想要的東西，卻認定自己沒有。欣賞就不同了，欣賞可以讓你看到一個人的優點或特質而且感到美好，也能欣賞自己的優點或特質。畢竟，每個人的本質都不同，如何能比較？

最後，我們需要與內在的軟弱、恐懼、脆弱共處，才能得到真正長久的自由。拿回自己的力量，其實就是讓深刻的平靜降臨，干戈止息。不再需要隔絕和掌控，不再需要先下手為強。我們可以將別人的批評篩選一下，留下對自己有用的，其他就通通丟棄。

第十二章 關係中，我們的角色扮演

在一個令人不喜歡、卻又斷捨不開的關係當中，我們究竟是扮演什麼角色呢？

曾經，在一個主題為「和傷害你的人斷捨離」的工作坊，我帶領一群人一起探討這個問題。每個來參加的人，都有他想要改變的關係模式，這可能是與伴侶、父母、上司、朋友、客戶、人群之間的關係。

有些人對於自己的模式相當有自覺，他們會說出這樣的話：

「我只能和傷害我的人綁在一起，無法有更好的選擇。」

「我行動會拖延，情緒也是。我無法在當下表達，習慣性地壓抑，直到爆炸。」

「我好像感覺，傷害我就是愛我。」

「在人際關係當中很緊張，說話都戰戰兢兢，很怕傷害人。」

「想知道自己不需要的是什麼？別人會一直塞東西給我，我卻無法拒絕。」

「會以性為生存手段，因此吸引不正當的關係。」

「在關係當中，總是被忽視和冒犯。」

「一直想要滿足大家的需求，導致我無法感受自己的需求。」

「會因為害怕傷害別人，而說不出真話。而我想要從事的行業，必須說真話。」

「面對很兇的人或權威，我就腦袋一片空白。在關係中，想要以討好別人來自保。」

最常扮演的角色，令人深陷泥沼

為了幫助每個人拿回自己的力量，解開這個困境，首先必須清楚，我們在關係當中是如何陷溺的。要做到這一點，可以透過簡單的練習，來辨識自己扮演的角色。為什麼說是「角色」呢？因為這些身分都是我們常年投入許多精力去賣力演出的結果，導致自己在關係中呈現很狹隘的一個面向，這是我們因應特定的情境，而習慣性扮演的身分，並不是真實的自己。

我舉出幾個常見的角色作為例子：

○ 傾聽者
○ 受虐者／受害者
○ 照顧者
○ 討好者
○ 附和者／被動者
○ 拯救者

我很意外地發現，許多人在關係當中都是扮演「多重角色」。一個人可以是附和者及討好者，這不意外。受虐者和傾聽者的角色，感覺也很相輔相成；因為如果傾聽對方，可能對方就會感到開心，而自己就不必受虐了，這明顯是一種自保的方式。

比較有趣的是，有好幾個人同時扮演受虐者和拯救者：一邊被人欺負，卻又忍不住繼續拯救對方來證明自己的價值。這是兩個反差很大的角色，為什麼會在一個人身上同時出現？受虐者被貶抑、被情緒勒索，而拯救者又以「你需要我」的姿態出現，回應對方的需求。最終發現，這兩個角色是「兩人三腳」，攜手建造了難以斷捨的關係。

在受虐者和拯救者的關係中，拯救者其實渴求平日壓迫他的人給予他認同與愛。他認為若拯救別人，可以被看見。然而，他的希望終究一次次落空。期待別人因為自己的付出，賦予自己價值，最終會墮入失望憂鬱的低谷。在這兩個角色當中迴旋的人，多半都有一段辛苦的童年往事。

角色扮演和童年創傷的關係

安安坦承上面六個角色她都輪番扮演過。也就是如此，她在職場總是扛下最多的責任。因為同事都會向她傾訴，出了問題找她去救援。她同時也是討好者，所以內在機制無法對別人的請求說「不」。因為安安害怕沒有歸屬感，被團體排擠，她最深的恐懼是如果自己單獨一人，將會無法生存。因此她在關係中，就算被背叛也無法設立界線，繼續假裝沒事。然而關係最後都無以為繼。

如果我們深入探究安安的行為，會發現這還是跟她的原生家庭脫不了關係。安安小時候曾經被家人拋棄，差點送養過繼給他人。所以，日後她一直努力扮演這麼多的角色來確保自己有多重功能，成為關係裡不可或缺的人物，絕對不可能被拋棄。當然這一切都在潛意識裡進行，安安並未意識到。

很多人說他們從小就扮演這些角色，至今有二、三十年了。所以許多無法斷捨的模式，都是小時候選擇的保護措施：為了避免衝突，為了乖小孩的標籤（不是想撕就撕得掉），為了被愛，為了自身安全，為了感受自己活著的價值（而不是我活著，所以我有價值），於是我們選擇了某種角色來扮演。當然這些角色的變化多端，遠遠超過我上面列出的例子。

既然我們可以年深日久地演出這些角色，想必它們帶來的好處一定不小，導致就算我們感到痛苦，但還是放不下。

迫害者需要受虐者共同演出

在美國心理學者卡普曼（Stephen Karpman）提出的戲劇三角（Drama Triangle）理論裡，人們常在人際關係當中被迫分別扮演三種角色，分別是迫害者、受害者、拯救者，而且這三個角色可以不斷互換。

這個三角關係描繪出一種糾結的人際溝通模式，當然是不健康的、破壞性的互動。

遇到衝突情境時，我們會先很熟練地扮演起某種角色；然而隨著局勢演變，我們可能轉而扮演起其他角色。原本的拯救者可能在任務中累垮了，成為受害者；又或物極必反變成迫害者，去指責別人。

然而我發現，小時候曾經受虐或被遺棄、被嚴重忽視的小孩，因為對權威的懼怕以及安全的議題，比較不容易到跨足演出「迫害者」。孩子長大後，會繼續沿用他所熟悉的角色，來求取生存或連結。

讓我們來看兩個例子。

● 故事一 走入原生家庭的結界

敏里從小在一個充滿衝突和暴力的家庭長大。母親喜怒無常，父親不定期爆炸，都令她充滿恐懼。她從小的策略就是「以退為生」，不說話、不反抗、壓抑自己，她把自己縮到最小，像是個透明的存在，努力做個乖小孩。這是她一懂事就學會的自保方式。透過這個方式，她對母親情緒化的責罰逆來順受，毫不反抗，因為她相信如果反抗或頂嘴，結果將更慘烈。

她在家裡無疑是「受害者」。這個角色扮演是為了保護自己，以便把父母的傷害降到最低。

每次回到原生家庭裡，敏里會自動變成那個安靜、驚恐的女孩。把自己的能量縮小，希望不要被注意。

但這並不是真實的她。

原生家庭的能量場，讓其他身分當機

在真實的生活當中，敏里是個極為獨立自主的人。她是個背包客、探險家，一個人去沙漠旅行、登高山、學衝浪，行走杳無人煙的朝聖之旅，全都難不倒她。

所以為什麼一回到家，敏里內在的其他部分，背包客、探險家、衝浪客通通當機，她所累積的經驗、人生閱歷、膽識全發揮不了作用？五十歲的她不見了，無法臨在（presence），只留下五歲的她單獨面對家裡「大人」的霸凌。一如過往。

這「一如過往」就是創傷尚未療癒的最佳證明。

類似敏里的故事很常見。彷彿原生家庭的能量場，是個有著結界的魔咒異地。一走進去，就被打回原形，不論你現在幾歲，你依然就是當年那個受創的小孩，你更成熟無畏的部分，這時候派不上用場。所以敏里的其他身分，探險家、背包客、衝浪客被擋在原生家庭的結界之外。

在家族排列裡，家庭關係裡各個角色的僵化行為以及回應方式，角色之間的親密或疏離，都可以很清楚呈現出來。

迫害者無法單獨存在，必須要有受害者才能發揮作用，大家互為因果。究竟要如何才能打破結界，解除魔咒，從這個過往的角色扮演中離開？

我問敏里，下次回家，可不可以讓她比較有自信的其他身分出現，來和家人互動？她說從來沒想過可以如此。這個受虐的小女孩總是自動反應，不自覺地以舊有模式掌控她的行為，配合家裡的迫害者演出，好像是家庭戲碼各就各位。

這是小時候的創傷制約了敏里。五歲的敏里尚在以她極為有限的資源保護著現在的她。

受害者藉由成為拯救者，拯救內在小孩

若童年曾嚴重受虐，且在極度扭曲的環境中成長，受害者比較容

易轉變為拯救者。許多人長大後，會去幫助無法為自己發聲的弱勢族群，或者去拯救其他受創的人。這就是為什麼許多諮商師和社工師，早年都曾經是身心受創的兒童和青少年，有過一段晦暗的成長歷史。為了脫離受害者的身分，他們選擇另一個身分，在職業上扮演拯救者。早年的無能為力，雖然藉由拯救其他受傷的孩童而得到某種心理補償，但真正的創傷還是需要許多的療癒和自我接納，才能夠讓內在受傷的小孩徹底掙脫受虐的枷鎖。

我的朋友傑夫，童年在養父的毒打之下長大，揮之不去的陰影籠罩著他。傑夫後來成為青少年心理諮商師，然而他自己陷入憂鬱症之苦。雖然他可以協助其他小孩，但是面對自己的兒子依舊很疏離。因為他自己內在那個悲傷、驚懼的男孩，尚未完全被安頓。傑夫日後透過深入的靜心和冥想，才真正撫平內在小孩心裡的鞭痕，獲得心中的寧靜，也因此修復了他和兒子的父子關係。

● 故事二 無法為自己做決定的女孩

伊蓮娜小時候在父母極度嚴厲掌控的教養下成長。她對於父母的提議，就算不同意，也無法反駁。這個情形一直持續至今，她已經是不惑之年，也有了自己的小孩。然而，一旦面對父母，她立刻自動成為那個無法為自己決定任何事的小女孩。

伊蓮娜壓抑自己所有的主張，在父母面前她沒有發言權。她小時候被嚴厲責罰、遍體鱗傷的記憶，深植在她的系統裡。她經常莫名其妙就遭受父母情緒性的處罰，令她十分困惑驚恐。面對父母爆烈的情緒，她學會麻木自己的感覺，逃離她自己的身體，以存活下來。這麻木的部分，同時呈現為身體或情感的麻木無感。

伊蓮娜在原生家庭裡，常年是受虐者及附和者。如今，雖然經營自己的家庭，搬到鄉下生活，父母依然會登堂入室，想要掌控她的生活、介入她教養小孩的方式，甚至計畫改變她住家的格局樣貌。伊蓮娜童年的惡夢再次上演，她自己對生命的主導權日漸失守。

事實上，伊蓮娜很勇敢。在先生離開後，她一邊撫養小孩，一邊繼續建設夢想中的房子。她是個堅強的母親，也是個夢想的實現者。面對強勢的父母時，她能否換一個角色，請身為母親的她和夢想的實現者出來，為自己立下界線，說出自己真正的想法呢？

要想停止在關係中的這些角色扮演，我們同時必須做兩件事：第一是盡可能療癒童年的創傷，讓自己離開被制約的角色扮演；第二是把自己的每個角色扮演所帶來的好處和限制都一一曝光。

如同在前面章節裡所討論的案例，我們可以把這些和我們綁在一起很久的角色，當作「原型認同」來處理。找出這個角色所帶給你的好處和限制，以及它想要迴避的恐懼。譬如：拯救者的好處可能是得到某種優越感，受到讚美和感激，證明自己的能力，感覺自己因被需要而被愛。對於拯救者而言，如果不再扮演這個角色，他就沒價值了，沒價值就不會被愛，就可以直接消失，不需要存在。這可能是拯救者最深的恐懼。

每個人內在的演算邏輯都跟童年創傷有關，所以會獲得的答案不盡相同。

在原生家庭裡扮演受虐者的伊蓮娜，怯怯地問我：「當『受虐者』有什麼好處？」她不懂。

「受虐」的好處可多了：會被可憐，可以拿來博得同情；受虐者不反抗，避免衝突，得以維繫關係，而且不必承擔責任，不用思考。

但是，當我們問扮演受虐者的人：「如果不再是受虐者，你最害怕焦慮的是什麼？」有些人害怕關係斷裂，有些人害怕失去工作（高薪收入），有些人害怕沒有團體的歸屬。

我們所努力扮演的角色，雖然表面上帶來悲慘或痛苦，但是其實它們只是想要維護我們與人的連結、存在的安全感或歸屬感。只不過，這是早年的我們所採用的模式。

所以，還有第三件事是我們可以嘗試的：就是換個角色扮演，來面對舊有的關係。

覺察到自己擁有的其他身分，邀請比較有膽量和自信的那個自己，出來面對原本困難的關係。以旅行者、探險者、母親、實踐者、背包客等這些角色，來展現出你自己的其他面向，擴充你自己的資源和應變能力，不要再被舊有的角色限定。

每個人都渴望更快樂、自由、無拘束的人生，但是這是有條件的。我們真正需要斷捨的不是人，而是我們所長期扮演的角色，以及我們從這個角色所獲得好處、稱讚、認同。

方法篇

第一章 原型認同解密

在第一部〈我以為的我，並不是我〉中，我們看到許多「原型認同模式」的案例和常見的類型，在第二部我想要跟大家分享，如何辨識自己的原型認同模式，並且療癒它、瓦解它、整合它。

拆解遮蔽自性的認同

我認為每個人生命當中都有認同創傷，我想要爬梳一套方法和流程，幫助大家辨識這些正在遮蔽我們自性的認同，拆解這樣的認同所依附的補償機制、強迫症，以及底下所掩護的核心恐懼。雖然並沒有辦法使用整套「生命中心療法」的診斷流程，但我認為簡化的步驟加上第一部所討論的主題與案例，是可以成為辨識自我認知的工具和療癒法則。

我從眾多的認同個案當中學到一件事：每個人的自性一直都在自己裡面，只不過它就像是被簍子罩住的光。所以，拆解認同的模式，就是把這個簍子拆除，讓自性的光能由內閃耀，照亮我們生命的道路。每次，來到原型認同創傷的最後整合步驟，我會問個案：「你的『真我』一直隱藏在裡面，你覺得它藏在哪裡呢？」百分之九十九的個案會把雙手放在他們的胸口，也就是心輪。（人體有七個脈輪，這是人體的能量中心，而心輪就位居七個脈輪的中間，連接上面三個脈輪及下面三個脈輪。）

這個方法可以帶領我們從自我認同出發，走向我們自身靈性的覺醒。

這是往內走去的旅程。利用認同創傷為領路人，帶我們發掘恐懼和迴避恐懼的補償行為。接受恐懼可以幫助我們更深刻認識自己。

每個人的獨特性就如同構成太陽光譜諸多顏色當中的一道光芒。你可能是湛藍、洋紅或翡翠綠……你既是那個顏色的光芒，你也是太陽本身。認知這個真相，可以消融絕望和焦慮。

我們所想要拆解與轉化的，是所有讓我們無法高高興興成為那個湛藍、洋紅或翡翠綠的相關一切，也正因為如此，它們遮蔽了我們也是太陽的事實。

原型認同掌控生命許多層面

認同茲事體大，它掌控了我們的生活態度、生命哲學、關係、價值、成就、健康和幸福。

就像所有社會上約定俗成的角色扮演，每個原型認同也都帶著不自覺的強迫性扮演。但是這裡的扮演，不限於某個角色，也可能是透過行為、想法、情境複製而呈現出來。

事實上，「原型認同」本身就是個補償與逃避的產物，它是我們對於恐懼的補償，也是轉移恐懼的逃避。

從我的臨床觀察，生命中心療法對於「原型認同」模式的處理，獨樹一幟，非常有效率。許多時候，真的可以就此讓一個人的人生翻轉。有時候，一個人可能有不只一個原型認同創傷。問題比較嚴重的時候，甚至可以多到四、五個，好像俄羅斯娃娃，一個套在另一個上頭。

脫下認同的外殼，可以十分戲劇性

曾經有一個個案小徐，在我們執行剝除覆蓋在他身上的原型認同時，他感受到這認同是個如相撲選手一般肥大的外殼，包覆著他、也保護著他，讓他可以把一切不喜歡面對的人事彈開（想像你和相撲選手對撞的感覺）。對許多事情，小徐可以視而不見，因此不容易受影響。然而這外殼也令他無法靈活行動，舉止笨拙；別人碰觸不到他的真心。小徐把這個相撲選手的外殼脫掉之後，他感覺生命變得很輕盈。那次治療之後，小徐變得很有行動力，他開始提出計畫，積極對社區營造盡一己之力，甚至成為活動的策劃者，擔負起他從前害怕的責任。他發現原來他是如此有感召力，有那麼多人主動願意幫忙他一起推動計畫。

某些時候，當「原型認同」被瓦解之後，一個人會驟然感到迷惘，好像賴以為生的設定突然消失。一片空白安靜，而你的真我才醒過來，正要出發去填補那個空缺的途中。你的人格和自性還需要一段時間的整合。

一個人可能會因為原型認同改變了，使得原本上癮的東西一併斷開。譬如：老菸槍突然一點也不想抽菸，購物狂失去購物慾望，這是因為餵養上癮行為的起因消失了。

透過拆解自己的原型認同，可以讓我們的內觀有一個著力點。第一部〈我以為的我，並不是我〉當中的各式各樣原型認同模式，如同一面鏡子，或許會讓你看見自己的倒影，使你照見究竟是誰在「經營」你的生活。你是否覺得某些人的認同模式很熟悉？

有些人或許會發現，同時有四、五個認同主題都反映了自己相似的困境。這時候，處理的優先順序是從你認為自己最「認同」、也就是最深陷的部分開始進行清理。有時候你會發現，處理完最糟的那一、兩個認同之後，其他的次要「認同」竟然一起消失。

絕大多數的認同創傷，都是可以在此時此地，透過覺知的力量來轉化。只有非常少數的人需要回溯到前世的創傷。當有這種特殊情況的時候，你會在探索認同底下所潛藏的恐懼時，發現這些非理性的恐懼與今生的遭遇似乎無關，恐怕是更遙遠的記憶所造成。我把這個可能性放進書裡，供大家參考。前世回溯的引導技巧需要更專業的協助，辨明是「幻想」或是「回溯」很重要。不過，也有少數的個案，在探索恐懼的時候，造成恐懼的前世故事就已經浮現，很快就被覺知。即便沒有故事浮現，只要能從恐懼和補償行為去進行平衡，也能夠得到很好的效果。

想要改變認同，不是件容易的事。就算是最精進的修行人也得花非常多年的時間，才有辦法斷開所謂的「習氣」。然而這裡所介紹給大家的方法，可以增進自我轉化的速度，周全地涵括認同問題的各個面向，加上適當使用能量心理學的介入平衡，可以協助我們摒除習氣，放下自我內設的小劇場；等於是清除修行的路障，讓自性更容易顯露出來。

第二章　拆．解原型認同的流程

以下這些步驟，大致是安迪．韓在「生命中心療法」（LCT）當中針對「原型認同模式」的處理方式。然而，本書的目的是要讓讀者不需 LCT 專業工作者（Practitioner）的引導，也能自己進行療癒，所以我將步驟簡化，好讓讀者可以自行跟隨，並且加入其他能量平衡的方法，以補足缺乏專家協助下可能出現的缺漏。

步驟一：檢視你的認同

我們什麼時候需要檢查自己的「認同」是不是出問題？

A. 你發現你的生活好像是被什麼卡住，無法正常運作。

B. 你自覺陷入某種反覆的模式，卻停不下來。

C. 你感到對某個身分的依賴，好像你是因為這個身分，所以存在。

如果有上述三種情況的任何一種，你便可能正在經歷一個「原型認同的模式」。

讓我們回到第一部的案例，來看看上面這些問題，如何呈現在生活中。

A：第七章的海蒂和雲杉，兩個人總是感到孤單，認為一切要靠自己，在團體當中，感受不到歸屬或支持。而且這件事經常困擾他們，讓他們怨懟、挫折、憤怒。

B：第八章的俊明和小剛在家人面前必須擔任照顧者，無法表達自己的需求。這使他們都無法展現脆弱的一面，讓他們無法與最愛的家人親近。

C：第十一章的雅君必須當「好母親」，湯姆則必須是「好人」。兩個人都讓他們的「身分」界定她／他存在的價值，忽略自己的主體性，從而產生絕望和焦慮。

你可以問自己：

○ 你覺得你是一個怎樣的人？
○ 有沒有什麼行為模式你擺脫不掉？
○ 有沒有什麼情境總是卡住你？
○ 你有任何上癮的事物或強迫症行為嗎？
○ 第一部所陳述的認同類型當中，哪一個是你熟悉、似曾相似的？

步驟二：寫下最接近你感受的「認同」陳述

你可以將你的困境或反覆出現的行為模式，寫成一段對自己的描述，讓遣詞用字盡可能準確，貼近你的真實感受，這個描述很可能就是你的原型認同。

對於「原型認同」的陳述可以很多樣化。譬如：「我就是一個一直受欺負的人」、「我說的話不會被重視」、「我不被鼓勵走自己的路」；或是如同詛咒一般的想法：「我的努力永遠沒有效果」、「如果事情一開始順利，最後一定會變糟」、「好運不會落在我頭上」；也有可能是自己立下的限制，像是：「我必須加倍的辛苦，才能獲得成果」、「我必須先有用處，才有資格被喜歡」、「我的感情關係永遠停留在磨合期」、「無論我多優秀，我都無法肯定自己」；或是某個身分：「我是個酒鬼」、「我是個購物狂」、「我是個療癒者」、「我是個受害者」等。

在本書第一部〈我以為的我，並不是我〉，我們看到了許多不同的原型認同的陳述方式。這個陳述攜帶著各自問題的頻率。

為什麼必須要就「原型認同的模式」來工作呢？

安迪・韓基本上認為，當一個人嘗試過很多方法，卻無法徹底解決問題的時候，是因為我們沒有找到真正應該工作的議題，所以治標不治本。如果能夠針對模式來工作，反而會幫助我們辨認出真正的問題所在，如此一來，就能夠徹底解決我們的痛苦。「模式」可以深化我們對問題的認知，並且可能一舉解決所有表象的問題或症狀，如果這些問題的根源是相同的。

我們可以看看下面幾個例子，來理解針對模式工作的優點。

模式可以解決表面不相干的問題

案例一

有一個人對教養小孩有很深的焦慮，她害怕沒有把兒子照顧好，每天都有擔心不完的事，而我們就她的焦慮來工作，焦慮可能會暫時降低，然而，明後天她又會回到她的焦慮模式。

然而，如果我們知道她的原型認同是：「我必須是個好母親。」我們就知道這個焦慮和她對自己的認同有很深的關係。而且在當母親這件事，她已經走過頭了。因為這個母親的角色其實是個補償機制，是為了要掩飾自己內在更深的恐懼，也就是自己的無價值感，所以這個人才專注於「好母親」這個角色。從她的「原型認同模式」，我們就有機會知道她表面的焦慮底下，其實有更深的議題需要面對。這是她的自我價值的議題。

這種情況下，如果能夠直接對她的所恐懼的「自我價值」議題來進行療癒，會比針對她對於教養的焦慮，更直接有效，並且將會促成這個人深刻的轉化。除此之外，我們也可能同時解除她「凡事不假手他人」的模式、睡眠障礙，以及用以稀釋焦慮的網路成癮症。

原型認同是恐懼的補償

案例二

有個人因為無法在團體中表達自己，不能分享自己的感受，而感到十分挫折。這影響他參加任何療癒的課程。對於表達自己，他有莫名的恐懼，好像如果他這麼做，他就會被傷害。他同時也有懼怕權威的議題。這兩個問題表面上似乎不相干。然而，如果我們知道他的原型認同是：「為了得到愛，我不可以展現我的想法和力量。」這個認同其實是他「恐懼被遺棄」的補償。他從小在家裡就必須當個沒有聲音的乖小孩，讓自己隱形，不要惹爸爸生氣，否則會挨揍被罵。因此，恐懼被遺棄和童年創傷才是他真正的問題所在。

但是，如果我們想要使用正向思考或認知行為的方法，來矯正他的行為——他的表達障礙和對權威的恐懼，恐怕是無法得到效果的。

案例三

我們再來看一個強迫症的案例。有個人睡前會不斷滑手機，無法關機睡覺，一直檢查明天的代辦事項。他的另一個強迫症發生在只要做自己喜歡的事，就會一直檢討自己，再次確認是不是還有該做的事沒做，讓他無法安然享受他喜歡的活動。而這兩個問題的關鍵，都來自他的原型認同模式：「我必須只靠自己，沒有任何援助。」他最害怕「事情失控，世界失序」，他必須獨自一人去面對一切的事，收拾殘局，而他卻無能為力。他的邏輯認為接受別人「援助」，會增加「失控」的風險。所以，這兩個強迫症，其實都是在補償他的恐懼——把所有的控制放在自己手中——不斷盤點和自我批判，來降低風險。而這個人小時候經常被爸媽毒打和禁足，父母控管嚴厲，脾氣火爆。為了生存，他必須以父母的需求為優先，確定自己有做好所有父母期待的事，才不會被處罰。

步驟三：找到認同帶來的好處和限制

如果沒有任何好處，我們是不會發展出這個「原型認同」的。原型認同一般都是已經使用了好一陣子，日積月累帶給你某些好處，才有辦法繼續運作下去。

要拆解原型認同，我們必須要問：「這個認同帶給我什麼好處？

帶給我什麼限制？」

把這兩個問題的答案一一列出來，成為我們接下來工作的材料。

讓我們回到第一部的例子。第八章的俊明，他的原型認同是：「我是家人的提款機。」

我們可以訪問他而得到下面的清單：

認同的好處：

- ○ 呈現他在家裡的重要性。
- ○ 贏得爸媽的尊重和家人的依賴。
- ○ 他因此感到自己的價值。

認同的限制：

- ○ 讓他無法展現脆弱，難以表達自己的需求。
- ○ 導致和家人關係疏離。
- ○ 他不能離開高薪工作，或是去嘗試他真正想做的事。
- ○ 他被這個認同困住，只能一直運作下去。

就算是負面認同，也有好處

有一些人可能會覺得看不到他的原型認同的好處，特別是針對比較負面的認同。

譬如：「我是個沒用的人」，或者「我是個受害者」。

當一個「沒有用的人」，好處可能是：別人不會對你有所期待，你比較不會有壓力。你會繼續受到別人的照顧，依賴別人幫你解決問題。但由此而產生的限制可能是：無法成長或學習，對生命處於自我放棄狀態，會推卸責任，自我價值感低落。

而當一個「受害者」，好處可能是：不必為自己的生命負責，一切推給加害者，可以繼續怪罪別人或境遇，獲得同情和關注。然而它所帶給你的限制可能是：你的能力無法發揮，外面的世界草木皆兵，你很難跨出去探險，生命變得很狹隘。

「受害者」的自我認同，會讓你繼續吸引傷害你的人，使你繼續是「受害者」。而且陷入這樣的輪迴，把自己的力量交出去，無法捍衛自己或改變自己的命運。容易頹廢不振，埋怨一切，沉浸在受害的毒藥裡。而「沒有用的人」也會創造出更多情境，來讓自己很廢，更加證明自己沒有用，自我價值低落。

「原型認同」讓你只能夠透過它的腳本去經驗一個虛擬的世界，卻信以為真。

步驟四：找出認同所遮蔽的恐懼

請記住，你的原型認同並不是你的敵人，它是用來保護你的一個強迫性的手段。

這個認同的存在是因為先有我們無法處理的恐懼，才創造出來的因應方法。因此，所有的原型認同，都有它極力想要遮蔽的事物──你真正的核心恐懼（Core Fear）。但是很可能你在表意識上沒有辦法立即覺察。

這時候，如果我們能夠問關鍵問題，就有機會碰觸到內在的恐懼。

如果你不再是你的認同

對於上面一直「當著提款機」的俊明，我要問他：

「如果你不再是提款機，你最焦慮和羞愧的事是什麼，你最恐懼的是什麼？」

俊明回答：

如果他不是提款機，他害怕父母便不會再重視他。

他在家裡失去地位，不會受尊敬，這讓他非常哀傷。

他感到家庭是充滿利益關係，自己並不是真的被愛，這才是俊明內心最恐懼的事，再次對應到他無法說出自己的需求。

從俊明最害怕的事，可以了解俊明真正卡住的地方，是他對家人的疏離感；他一方面極力維護家人的需求，另一方面卻無法照顧自己的需求。他的存在成為不斷的犧牲，這讓他感到不平衡，自己卻無法脫離這個設定，結果身體生病了，來提醒他要注意這些偏差和不快樂。

俊明說出一個驚人的覺察：每次只有他得了嚴重的病，他才能理所當然地過他想要過的生活，提出他的願望。腫瘤給了他這種特權。這個特權，每次都是生命換來的。他其實心裡百味雜陳。

我們再拿幾個個案來練習發問。

對於「我是個沒用的人」，我們問：「如果你成為有用的人，你最大的恐懼、焦慮和羞愧是什麼？」對於「拯救者」，我們問：「如果你不再是拯救者，你最焦慮什麼？最害怕什麼？什麼讓你感到羞愧？」

依此類推，我們可以找到原型認同所想要迴避的恐懼和焦慮究竟是什麼。

時常，你所獲得的第一個想法，並不是真正的核心恐懼，我們必須一層一層地往下探問，才會得到最終的答案。

譬如「拯救者」，他的回答起初可能是:「那我就沒有用處了。」

我們繼續問：「如果你沒有用處了，你最害怕、焦慮、羞愧什麼？」

他說：「我不再被需要！」

進一步追問：「如果不再被需要，你最害怕，焦慮什麼？」

他說：「我就不會被愛。」

接著又問：「如果你因此不被愛，你最害怕，焦慮什麼？」

他說：「我就會失去連結，找不到生命的意義。」

最後這句話，才是他的核心恐懼。

大部分的核心恐懼，追根究柢，經常都跟存在的焦慮有關連。可能是不安全感，斷開連結，或是無法歸屬，失去生命意義。

步驟五：用以補償恐懼的方式

為了更徹底地迴避我們感到焦慮的事，我們有時候會產生某些補償的活動。你可以把補償活動視為另一種保護，確保你轉移注意，不會碰觸到你最深的恐懼。

補償會以下面四種方式的其中一種或多種呈現出來：

A. 利用別人來告訴我們正面的話──用以彌補核心恐懼的正

向觀點。

B. 自己告訴自己的正面的話——用以彌補核心恐懼的正向觀點。

C. 逃避／活動——以其他事物麻痺或迷惑自己，可能會出現的有：活動、成癮、強迫症、生病、幻想／神話故事。

D. 讓自己不臨在（抽離），進入自動反應模式。

案例

如果有一個人，一直扮演家人的「拯救者」，而他的恐懼是：「如果沒有這個功能，他就不會被愛，會被拋棄，沒有存在的價值。」讓我們來看看他可能會出現的補償行為：

A. 他可能會聽到媽媽說：「如果沒有你，我們家怎麼辦？你最能幹了。」別人會稱讚他：「你是個可靠的人。」

B. 他可能會告訴自己：「我的存在就是能讓家人都過得更舒適。」「我是個孝順的兒子。我是個好先生。」

C. 他的補償活動，是看賽車、打電動、慢跑。

D. 他一回到家，就心不在焉，無法陪伴小孩玩耍或聽老婆說話，一直覺得疲憊。

補償的活動經常是一種強迫性的行為，更嚴重的會形成上癮症。比較常見的逃避活動諸如：滑手機、打電玩、網路購物、看小說、追劇、外遇、看色情影片、上健身房鍛鍊、反覆盤點代辦事項等；和飲食有關的補償行為，譬如：吃餅乾、巧克力、喝奶茶、熱愛美食等；或是和自己的健康有關，譬如：吃中藥看醫生、疲勞症、耳鳴、各種慢性病、身體虛弱、重大疾病等。

是的，你沒有看錯，很多重大疾病、慢性病或癌症都跟原型認同的補償行為有關。生病有時候是一種補償的活動，很有效的占據我們所有心思，避開我們真正害怕的事。

● 個案故事一

秀朗幾年前突然被診斷出重症肌無力症和紅斑性狼瘡。

當我們開始探討他疾病的心理成癮，出現的卻是認同問題。秀朗成長過程中，父母長年吵吵鬧鬧，他一直活在驚懼之中。父親嗜賭，母親怨恨的情緒溢流，責怪孩子。秀朗從小有很深的自我厭惡，他無法看鏡子裡的自己。他的認同是：「我是個平凡的人。」這個認同讓他充滿無力感，他絲毫不希望受到注意，喜歡躲起來，不要被看見。但這個認同也來自於小時候母親對他們的態度，讓他覺得自己瘦弱、不好看、沒成就、上不了檯面，母親並不引以為榮。

重症肌無力症造成他無法吞嚥食物。當我問他：「你真正無法吞嚥的是什麼？」他哭了，他說自己不愛自己，因為母親並不愛他。他感覺自己是一個無法被愛的人。重症肌無力症正是秀朗的核心恐懼而來的補償。

● 個案故事二

戴絲宅在家許多年，無法走出去找工作，我們處理了幾個原型認同，她有好幾個上癮行為：網路購物、看網路小說、追劇，她家裡堆滿網路購物而來卻不曾打開的箱子，囤積已經嚴重影響她的生活空間。

她最在乎的是別人對她的認同與喜愛，也因此她非常害怕知道別人對她真正的看法。這造成她在工作上反而容易和主管產生摩擦。任何需要她改進的言語，都會被她視為攻擊，進而辯護和反擊。戴絲的原型認同正是：「我必須武裝自己，如果敞開自己去了解別人的觀點，我就輸了」。她最害怕的事是：「自己是不被喜歡的，不被認同的。」而她的種種上癮症和囤積症都是為了補償這個焦慮。

我們可以大膽地說，大多數的上癮症必然都有某些原型認同模式的因素在當中。如果我們針對上癮者的原型認同來工作，便有更多機會可以徹底解除癮頭。

千萬不要把補償行為的「成癮」或「強迫症行為」，和真正的熱情混為一談。

貢獻許多心力在協助「成癮者」，而且自己也曾是「音樂成癮者」的加拿大醫生嘉柏．麥特（Gabor Mate）在他的書中說：「對任何事物，均可能產生癮頭，但如何分辨兩者？關鍵問題在於：主導權在誰手上？是人本身主導？還是行為？人可能支配熱情，但是過於激情的熱情如果無法支配，就是一種成癮。」他進一步區別熱情與成癮的本質：「前者是神性的火花，後者是焚化的火焰。在對一件事物投入熱情的同時，我們會感到自由、喜樂，肯定真實的自我價值。成癮者沒有喜樂，自由或自我肯定。……一旦成癮，會從身上吸走能量，產生一種慣性的空虛。熱情則會賦予自己力量，也給他人力量。」[2]

補償行為是用來補償內心的恐懼，好讓自己轉移注意於某個活動，燃起虛假的熱情，以暫時忘卻內在的空虛無力。

步驟六：施行介入治療

當我們依照上面的三個步驟，找出原型認同本身、它的好處和限制、它所遮蔽的最深恐懼，以及依附恐懼而來的所有的補償方式，就可以開始進行原型認同的自我療癒。

下面我要介紹幾種自我療癒的方法，讀者可以依照直覺選擇最適合自己的方法。

方法1：以光轉化所有相關的身體知覺

我們可以透過身體來感知你的原型認同，相關的好處和限制，最深的恐懼，以及用以補償恐懼的逃避／活動。你的身體所呈現出來的感知，攜帶著你問題的能量。如此一來，我們可以針對身

2　出自《癮，駛往地獄的列車，該如何跳下？：沉迷於毒品、菸癮、酒癮、工作或是古典音樂唱片，某種程度的強迫症、焦慮、執意，都可能是成癮》第155-166頁。新自然主義。

體的感覺來進行轉化。

我們拿第五章的李莉來當例子，看如何就原型認同創傷進行介入治療。

李莉的原型認同是：「我沒辦法改變任何人。」

這個認同帶來的好處是：

○ 可以迴避衝突，不必與人針鋒相對。
○ 不必去面對自己不喜歡的事。
○ 不用自找麻煩。
○ 不必去分擔別人的錯。
○ 可以隱藏自己真正的想法感受。
○ 她正在「順其自然」。

這個認同帶給她的限制是：

○ 很容易就放棄與別人的溝通。
○ 自己發言沒有份量，不被當一回事。
○ 意見容易被否決。
○ 無法了解對方真正在想什麼。
○ 自己無法被人瞭解。
○ 和他人互動會產生很多誤解。

李莉的核心恐懼是：不被認同，就會被遺棄，漂浮在黑暗中，如無根的浮萍。

李莉為了補償這個恐懼，發展出的逃避活動是：刷洗廚房。她心情煩躁就會去刷廚房。她對廚房的潔癖，成為她的重心。

定位問題相關的體感很重要。可以分下面幾個步驟進行：

1. 問李莉：「妳認為『我沒有辦法改變任何人』的時候，妳的身體在那裡感受到這個想法？」她說：「肩頸很緊。」

2. 問她對於認同帶來的六個好處時，身體所引發的體感，她說：「心臟無力、腹部緊縮、耳鳴……」然後，請她繼續在身體裡經驗認同所帶給她的六個限制，她對應到的地方是：「心沉重，喉嚨卡住，雙手無力……」

3. 邀請李莉感受她的最深恐懼，如何呈現在身體？她說：「心裡空洞，四肢軟綿綿。」

4. 最後，請李莉去感覺她不自覺的逃避／活動，當她想要去打掃廚房時，她身體感覺到什麼？她說：「手肘痛，胸口很緊。」

在定位身體對於上面這些東西的體感時，最好是一一詢問，才能把每個問題應對的地方都找出來，確保沒有遺漏。雖然你很可能會發現，許多的問題最後會對應到同樣的部位。而且這個通常是你經常感到不舒服的部位。

我們把上面這些和原型認同創傷相關的身體知覺都寫下來，以便進行下一個導光的步驟。

導光是一種能量的介入平衡法，利用光的高頻率來吸收轉化比較稠密低頻的能量。

一般的作法是想像光從頭頂進入頭部、喉嚨，往下進入所有方才身體感受到知覺的部位。

接下來李莉要回到身體裡感受這些剛剛和認同創傷相關的一切感知：肩頸很緊、腹部緊縮、耳鳴、心臟無力、沉重、喉嚨卡住、雙手無力、心裡空洞、四肢軟綿綿。在她感知到這一切的時候，請她進行導光：

想像純淨的白光，從她的頭頂進入她的身體裡，特別是剛剛感到有知覺的這些部位（肩頸、心臟、腹部、四肢），讓光注入這些部位，光自然會吸收轉化這些能量，並且帶來新的感受。

導光的活動一直進行到身體的這些知覺大致都消散為止。這時候她會感到十分輕盈、平靜。因為舊有的認同以及隨之而來的信念和逃避的活動都消失了。

李莉這時候可以充分感受自己的變化，成為光的感覺。她可能會覺得自己很輕盈、放鬆、平靜。這才是她的本質（essence），她的真我。

很神奇的是，在我與個案工作的這十幾年來，從沒有一個個案不知道該如何導光，似乎接收光、引導光進入身體裡，是每個人與生俱來的本能。這是因為我們每個人原本就是光的存有。接受自己本質的光進入身體，轉化問題所產生的能量，是再自然不過的事。

光自然而然會帶給一個人的身心靈所需要的頻率和訊息。原本比較低頻率的問題所在，接受了高頻率的光，自然就被轉化了。

雖然我遇見過極少數的個案，因為創傷的緣故，無法想像光，於是也無法導光。但是這並不表示他不能吸收光，只是那個管道被創傷封閉了。

最近有個個案伊芙，她原本很輕易可以導光的，然而因為一個極度創傷事件，導至她開始產生幻覺，於是她每次導光都只能夠看到灰色的光，看不見白色的光。因為伊芙內心覺得上帝已經捨棄她。直到我們療癒她的創傷，她才恢復導光的能力。

能夠再度看見清晰的白光那一天，對伊芙而言，是上帝還眷顧她，與她同在的證明。說真的，我們兩人都鬆了一口氣，這表示她和神聖的存在恢復連結，靈性的網絡暢通了。

方法 2：剝除能量並通過它擴展

跟上面的做法不同，我們可以選擇讓相關的身體知覺，脫離身體，和它們產生距離。

譬如，李莉剛才身體的感知是：肩頸很緊、腹部緊縮、耳鳴、心臟無力、沉重、喉嚨卡住、雙手無力、心裡空洞、四肢軟綿綿。

李莉可以使用雙手，把這些原型認同相關的知覺從肩頸、腹部、耳朵、心臟、喉嚨、雙手、內心、四肢都剝除，放在面前。這用意念就可以做到。

如果這時候出現負面的想法，譬如「我做不到」，或「這麼做對我沒有用」諸如此類的想法，還是要繼續透過身體的感知，定位這些想法，將它們一併剝除。

然後，李莉可以透過顏色、形狀、質地，描述一下面前這一堆她剝除的能量，她可能會說「像是灰色的布條交纏在一起」，但是如果她說了帶著批判性的字句，像是：「它很醜」、「我很討厭它」這樣的話，就要繼續剝除相關的知覺，一直到她對這些能量的感覺是中性的為止。

接著，李莉可以回到自身，注意到自己和剝除的能量都是在無限的空間中，她可以連結真我在心中的光源，讓真我的光從心中往前面、後面、左邊、右邊、上方、下方擴張出去，通過面前這一堆她剝除的能量，一直到自己感覺到自己就是沒有疆界的、沒有限度的無限空間。這無限的自己才是你的本質，你的真我。

這個剝除的練習，還有一個目的：是讓一個人更進一步認識到，你所依賴的認同和恐懼，並不是你；你可以剝除它們，觀察它們，和它們保持距離，而你依舊存在。你的真我可以包涵它們，通過它們，轉化它們成為光的存在。

方法 3：FOH（額骨枕骨握持法）+ 光

首先一樣需要使用步驟一的方式，一一詢問每個認同、服務和限制、恐懼，以及用來補償恐懼的所有逃避和活動，辨識出它們在身體呈現的位置和體感。然後，就面臨的問題，觀想所需要的顏色的光，進入身體出現體感的位置。導光的同時把雙手放在前額和枕骨，形成雙手一前一後，夾著頭部的姿勢。這個姿勢本身

圖 1：FOH（額骨枕骨握持法）的正面動作。

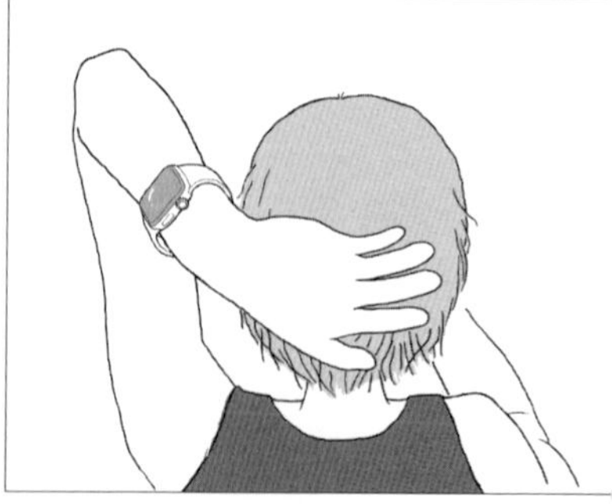
圖 2：FOH（額骨枕骨握持法）的背面動作。

可以帶來立即的撫慰效果。究竟要導什麼顏色的光，才能轉化你的問題，可以使用肌肉測試來決定，如果不會肌肉測試的人，可以使用直覺。假使一開始選擇的光對你的問題無效，你頂多換一個顏色的光，不會有任何損傷或浪費。（見圖1、圖2）

我們再以李莉為例子來說明這個導光的介入治療如何實作。

李莉最深的恐懼是被遺棄，漂浮在黑暗中，無家可歸，而她的認同是「我沒有辦法改變任何人」。要療癒她，我們以肌肉測試發現，她所需要的光的顏色是紫羅蘭色和粉紅色。紫羅蘭光能夠淨化她的負面思維；而粉紅色的光給予她無條件的愛與接納。

所以我會請李莉把手放在額骨和枕骨的位置，兩隻手掌一前一後包覆頭部。然後進行導光的介入治療，把紫羅蘭色和粉紅色的光分別從頭頂，導入身體呈現體感的所有地方，直到所有體感都消失。她可以先專注於紫羅蘭色的光，然後再專注於粉紅色的光。

下頁有一個光譜，標示每個顏色所帶來的頻率，對我們會產生的效果。除了在療癒中最常用的白光之外，我們也可以使用其他顏色的光，來獲得自己最需要的能量或轉化。

這些光的質地和效能，是我透過臨床的使用所歸納出來的結果，並非網路上他人的表格，所以必然會與某些門派的論述有些微差異。此處我並沒有列出所有脈輪的顏色，一來，這資訊在網路上都查得到，二來我發現在改變意識、療癒認同創傷時，比較常用的就是這些更高次元顏色的光，和脈輪療癒所需的顏色不太一樣。

光的顏色	質地／效能
淡洋紅的粉紅	無條件的愛、接納、撫慰
土耳其藍	淨化、純真、信任
白色	合一意識、淨化、神聖連結
銀黑色	深刻的了解、消融
夜空藍	遼闊、無垠
銀色	進入最深的傷，清創
金色	如太陽一般，讓陰影無所遁形
紫羅蘭色	淨化能量、斷捨糾葛
紫色	洞見、直覺
靛藍	冷靜、分辨、看到更多不同觀點
藍色	流暢、樂觀
綠色	深刻平靜、消弭憤世嫉俗

我認為所有的光都同時具有滋補和轉化兩種作用。不同的光，會滋補我們匱乏的質地，也會轉化原本頻率較低、固著的能量，每一種光都具有調頻作用。當我們導光的時候，就是把頻道調節到那個光的頻率，透過這個意圖，我們的身體能量場就接受那個特定的頻道，這個頻道的訊息正好是我們此刻需要解鎖問題的密碼。

使用光加上額骨枕骨握持法，能夠輕易而且快速地轉化問題在身體卡住的能量，下載更新的訊息到我們的身體意識。

但是，有時候我們必須針對每一個要工作的項目，使用不同顏色的光，才能夠達成療癒。我們以下面這個例子看如何操作。為了解說方便，我們先把肌肉測試針對每個問題所需要的光，寫在問題的後面，以括弧表示。

譬如：如果一個人的原型認同是：「我是一個爛人！」（淡洋紅的粉紅）

這個認同所帶來的好處是：

○ 我已經先把自己貶到最低，就沒有人再可以說三道四。（綠色）
○ 對很多事情可以不用負責任。（土耳其藍）
○ 不守承諾也沒有人在意。（金色）

這個認同所帶來的限制是：

○ 無法對別人付出對等的感情。（紫色）
○ 自暴自棄。（綠色）
○ 沒有資格接受愛，或愛別人。（銀黑色）
○ 連我自己也不在意自己。（金色）
○ 無盡的羞愧。（白色）

認同底下的核心恐懼是：

○ 沒有人真正在意我。（靛藍）
○ 我是不存在的。（靛藍）
○ 懷疑自己為何要活著。（靛藍）

他用以補償的活動是：

○ **常常請朋友吃飯，請同事喝飲料，讓大家喜歡他。**（銀色）

所以，要療癒上面這個人的原型認同，就需要針對這上面所有的想法和活動，分別導引這些顏色的光，進入身體裡對應的位置，才能轉化所有的想法和行為，以及認同本身。

導光必須要一直做到身體相應部位的知覺全部消失才停止。如果一直無法轉化，可能你遺漏了某個顏色的光，需要補強。

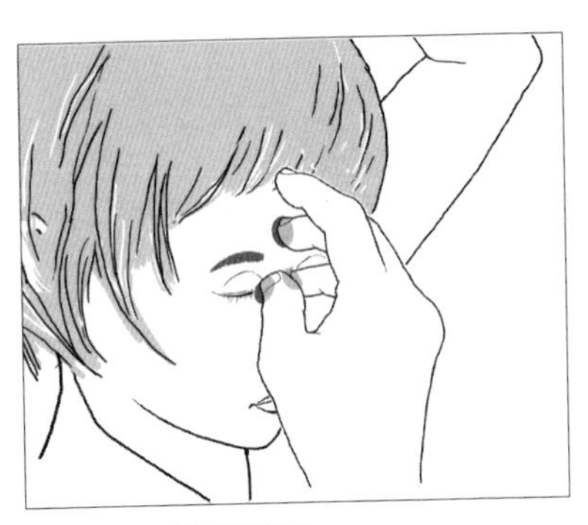
圖 3：TAT 的正面動作。

圖 4：TAT 的穴位位置。

方法 4：以 TAT（塔帕思穴位指壓療法）的缽來工作

TAT 是美國針灸醫師塔帕思（Tapas Fleming）所發展出來的一套穴位指壓療法，總共有九個步驟，能夠非常有效的平撫創傷，改變認同；也能夠對廣泛的議題發揮作用，是我自

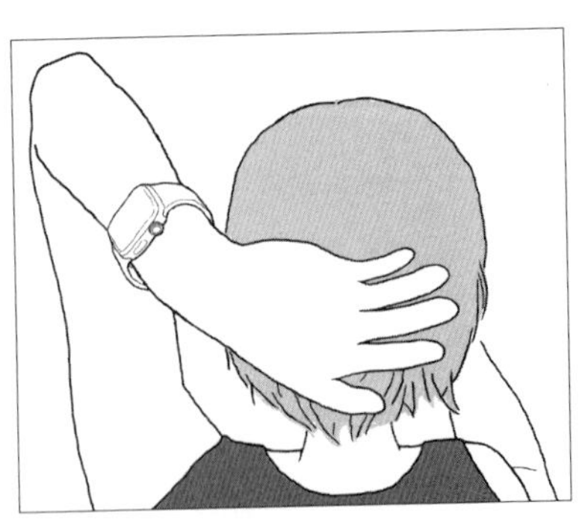
圖 5：TAT 的背面動作。

己經常使用的方法。如果你學過這個方法，那麼透過這個方法，你就可以把自己所陳述的認同，加上認同的服務和限制，以及逃避恐懼的種種補償活動，全部都丟進去一個想像的缽裡面，對這個缽進行 TAT。若是選擇採取這個方法，就不需要體感和問題的連結，我們是直接就意識來工作。

我一般會使用的是 TAT 的前面四個步驟。

一般在處理原型認同創傷相關的一切，大概只需要做 TAT 的前面四個步驟。

TAT 的姿勢為將拇指、無名指放在鼻梁兩端，眉頭下方的眼角凹槽，中指在額頭中央。另一隻手放在後腦勺。（見圖3、圖4、圖5）

關於 TAT 的使用方式，請參考我的另一本書《原能量：穿梭時空的身心療法》。上過 TAT 基礎課程的人，或是體會過 TAT 自我療癒手法的人，可以輕易使用這個方法一次清除原型認同相關的一切。

想要使用這個方法來平衡認同創傷的人，建議先找 TAT 官方認證的訓練師進一步學習這個方法。[3]

如果不熟悉此方法的人，建議使用上面的其他三種方法之一來進行自我平衡工作。選擇最適合自己的方法，就是好方法。

這四個方法都能夠在拆解你的原型認同之後，有效地清理信念，轉化原型認同創傷的相關敘事。每次我們瓦解一個原型認

3　TAT的官網是：TATLife.com. 塔帕思有英語的TAT課程，台灣有兩位經她認證的訓練師，都有提供 TAT 基礎課程。

同，我們和自己便更親近一點。

一般而言，如果選擇這個介入治療，可以省略步驟七和步驟八。你的真我在原型認同消除之後，會自行回歸整合。

方法 5：切斷能量臍帶

這個方法是提供給有額外需求的人使用。有時候，我們的認同問題和我們在意的人捆綁在一起。要幫助自己斷開和他人之間能量的糾纏，可以試試這個切除能量臍帶的方法，特別是當你發現無法完全淨化恐懼和認同的時候。

1. 在心中想像這個你想要斷開能量糾纏的人站在你面前，可能是你的父親、母親、情人、伴侶。使用內在的靈視力，看見你們之間能量連結的方式。譬如，母親的心連結你的手，或是父親的頭連結你的胃，各種可能都有。也有人感覺對方的影響，是牢牢纏著自己，如細密的蠶絲捆著自己的全身。無論連結是什麼，只要不是心連著心，通通都可以剪除、剝離。只留下心連心的能量臍帶。

2. 想像自己拿著一把剪刀或是刀子，斷開這些能量的牽絆綑綁。使用你的手，拉出這些能量臍帶的根，把它放在你的前面，審視它。

3. 看看這些從你身上剝離的能量臍帶。它長什麼樣子？什麼顏色？什麼質地？你可能會形容這些臍帶像是豬腸、灰灰髒髒的，或是這臍帶如毛線糾結一團。

4. 然後你想像導入紫羅蘭色的火，焚燒這團剝離的東西，直到它們淨化為光，不再存在。

5. 接著，你可以立刻導入純淨的白光，填補剛剛身體被剝離臍帶的空缺，直到這個位置被光癒合，不會再長出臍帶。

6. 如果是比較深刻的臍帶，連結你和另一個人。你可能會很害怕或抗拒割捨與這個人的連結，甚至已經養成依賴。這種情況特別會出現在無法成為獨立個體的人身上。在這種情況之下，這個切除臍帶的練習可以每天做，持續幾週，甚至幾個月。直到有一天，你發現臍帶可以斷開來，你不再依賴著這樣的能量糾纏。

割捨和另一個人不正常的能量連結，並不會失去這個人。反而是給自己機會，重新與這個人發展心和心的連結。捨棄舊有的關係模式，創造更健康的互動，如此你才有機會踏上自我探索的旅程。

對於想要獨立，卻又放不開依賴的人，這是很有效的練習。如果想要斷開掌控你的人，這也是很有效的治療。

步驟七：和方才轉化的意識對話

導光之後，我們可以選擇要不要重新跟我們的原型認同、核心恐懼以及相關的一切能量對話。照道理說，導光完成之後，這些在身體呈現的知覺，或方才被剝除的一切，已經都消失了。若要對話，有兩種做法。如果是方才在體內直接以光轉化的意識，我們可以重新感知在自己本質當中的這些意識，和它們展開對話；如果是方才被剝除而擴展為本質的意識，我們可以用想像力令它們重新浮現眼前。

每個問題之後，都要聆聽內在的回答；因為是你所邀請的對話，你必然會得到回答的。

問：「你們對我最大的期望是什麼？」

問：「你們希望我在此生當中學到什麼？特別是我的人生目標？」

問：「你是否有任何祝福，或其他事想要跟我分享？」

問：「你是否願意幫助我，成為這個希望與學習？」

這個對話是深刻的理解。所有的認同、恐懼的背後，其實都攜帶著祝福，是來幫助我們完成人生目標和學習的。

透過這個對話，我們終於與自己和解，因為我們所恐懼的一切都成為我們的內在老師，它們是我們的禮物，最終蛻變為美麗的祝福。

這是整個原型認同回歸真我，最動人的一刻。

步驟八：迎接真我，整合真我

結束上述的對話之後，可以花一點時間，跟自己說說話。你的真我被這些原型認同、恐懼覆蓋著，隱藏起來，該是邀請他／她出現的時刻了。你可以先感受你的自我隱藏在哪裡，然後把你的雙手放在那個身體的位置，去感受它的存在。我先前提到，許多人都自然而然會把雙手放在胸口，但如果你有其他的感受也無妨。你可以使用下面的詞語，或是發揮你的創意，以自己更自然的字句來連結你的真我：

「真正的自己，我歡迎你，帶著你全部的活力、智慧、愛，來到這個空間和我在一起。」

你可以想像他／她從你內在躲藏的地方出來，碰觸到你的手，跟你完全的融合。

能夠重新跟自己的真我結合，是非常幸福喜悅的事，會帶給你加倍的信心、智慧和力量。

而這就是原型認同的創傷想要達成的願望。

花藝大師凌宗勇在接受採訪時，說過這麼一段耐人尋味的話：「我曾經不喜歡某些花草，例如文心蘭、劍蘭、雞冠花。這些拜拜常用的花，我覺得那是傳統、俗豔。後來發現是我有問題。花草如果一直以來都是被人們定義在那個位置，那它一輩子好像都沒有翻身的餘地。是我們把它定義在那個位置，而不是它本身是那個樣子。」

我覺得這段話，可以套用在每一個人身上。

我們究竟把自己定義在什麼位置呢？可不可以從這個定義上翻身重來？讓自己重新發現自己？

我們的真我一直在等我們記得他／她。

天問篇

我是誰？

做你自己；因為其他的人都已經有人做了。

——英國劇作家奧斯卡·王爾德（Oscar Wilde）

二〇二一年六月，美國的歌唱選秀大賽。一個三十歲的女子珍，藝名「夜鳥」（Nightbird），站上舞台，唱了一首歌〈It's OK〉。

評審們問她為何會來參賽，她帶著溫暖的笑容，平靜地說她的夢想是成為一個歌手。而這是她生命中的最後一年，那時候，她與癌症搏鬥了四年。

評審問：「所以你目前的身體狀況如何？」珍回答說：「癌細胞擴散到肺、肝、脊椎，醫生說我有 2% 存活率。」

珍一說完話，所有的評審面面相覷，評審問這個女孩：「所以，妳並不 OK。」

「嗯，不是所有的方面都 OK。」她說：你不能等到生活不再艱難時，才決定要快樂。」

但接下來這句話，才真的讓我熱淚盈眶：「我希望每個人都知道，我不僅僅是這些發生在我身上的壞事。」[4]

這句話令我看到，珍拒絕被她的癌末、她的婚變定義她是誰。這句話真正說的是：請看著全部的我，完整的我。我還能在舞台

4 原文是：It's important that everyone knows that I am more than those bad things that happen to me.

上閃耀光芒，歌唱自己寫的歌。我還有可能性。

珍以自己的行動鼓舞了成千上萬的罹癌病人。

癌末的人，容易認同自己就是個「癌末病人」，並且不知不覺地讓這個身分掌控自己的生活。珍卻說，我不僅僅是這些不幸的事，我還有其他更多的部分。在精神上，她已經戰勝了癌症。

因為化療和疾病的影響，珍非常瘦弱。然而她純真的笑容，沒有絲毫乞憐模樣，似乎真的一切都將 OK，就算她即將離開人世也 OK。珍隔年二月因病去世，但她的歌聲、她的純真笑容、她所帶來的訊息，早就超越她的肉身，她的精神會繼續留存人間。

回應靈魂的感召，帶來非凡的力量

是什麼原因讓珍有這樣的豁達，對自己的認同這麼清晰篤定？當她比你我都更有理由躲在角落自怨自艾，她卻費盡心力站到舞台上，參加選秀賽，並不在乎大家看到她的瘦削孱弱。她唱歌時，展現出魅力和自在，完全活出自己的樣子。歌唱是珍為自己的人生故事寫下的主題。我們最後都會忘了她的病，只記得她好聽的歌。

〈It's OK〉並不是新歌，這首歌她在兩、三年前就唱過，也錄了音。但是那個味道、編曲、樂器都不對，珍那時候只是一個平凡的年輕歌手，有一點點才氣，但不夠多到令你注目。但是這次她來到了生命最後的一段旅程，她重新進錄音室，以簡潔的鋼琴編曲，緩緩地唱〈It's OK〉，每個字都透著情感的厚度，這首歌成了一首完全不一樣的歌。她唱出了靈魂的美麗與哀愁，就算世界傾斜，生命百孔千瘡，你還是可以 OK。她的慈悲觸及每個人的靈魂。這時候你突然覺得：「如果她都可以 OK，為什麼我不可以？」

以靈魂唱歌觸及靈魂，以心唱歌觸及心，以頭腦唱歌，聽過就忘了，不會留下痕跡。

珍的勇氣和動力來自於內在靈魂的驅使，而她正在實現她靈魂來此要達成的任務。我非常確信，她是完成任務才安然離去的，她已經傳遞給人類非常重要的訊息：我們內在有一部分永遠是 OK 的，可以不受外面的戲劇影響。

換作是詹姆斯・希爾曼[5]的話，他應該會說：「珍在回應她的感召（calling），她正在追隨她的願景（vision），於是她得以篤定而且有勇氣。不是佯裝樂觀的那種勇氣，而是坦然望進死神的眼睛，即使感到脆弱或悲傷，依然昂起頭做她想做的能做的，直到最後一刻。」

歷經生命的不幸遭遇和意外，脆弱絕望的時刻難免會出現，但是不能阻擋我們仰望燦亮的星空。

這種被星空感召、被廣大無垠的自然吸引，是我們與生俱來的本性，往往在關鍵時刻帶來絕處逢生的機會，它對我們的影響，正在神祕地牽引我們，踏上我們自己的道路。

5　詹姆斯・希爾曼（James Hillman）是榮格派心理學家，著有《靈魂密碼：活出個人天賦，實現生命藍圖》，心靈工坊。

希爾曼的橡樹子原理

希爾曼在他的暢銷書《靈魂密碼》裡，提出一套非常迷人的理論「橡實原理」（acorn theory）。他認為每個人內在都有個靈魂藍圖，記載著你獨特的潛力和發展圖像，就如橡實（acorn）[6]握有長成一棵橡樹的圖像一樣。

這種靈魂印記就是你的「橡實」；正如種子，它攜帶著我們的習慣和舉止、愛與恨、偏好和激情。這便是你獨特的生命圖像。它是比遺傳基因，更深遠重要的印記（imprint）。我們最好要把它「找出來」，活出來。

蘇菲大師哈茲若・音那雅・康（Hazrat Inayat Khan）說：「你心中的欲望，是神聖的存在於你心中播下的種子。」所以，他鼓勵大家要練習去覺察心的欲望，而不要壓抑心的欲望。我們如果能夠透過冥想和呼吸，以規律的節奏，帶給心更多的洞察力，我們便能夠讓這個放在心中的種子長成大樹，然後，一步步實現我們生命的目的。

請注意，這裡談的不是大腦的欲望，而是「心」的渴望。這欲望和生命的熱情有直接關聯。

蘇菲的道路不是捨離欲望，相反的，它認為來自心的欲望需要被重視。因為這是照顧這個世界的園丁，在你心中播下的種子，所以要澆灌它，讓它茁壯。循著內心的熱情，你可以達成你生命

6　橡實，又稱橡子，是橡樹的果實，小小一顆。是一種堅果。

的目的。因此，無論你是否追求靈性，這個靈魂與生俱來的傾向，早已經在你生命中運作著，靈魂的目的是讓靈魂本身能舒展，佈下條件，讓這個種子能夠成長。你可以完全不知情地被這個力量推動，你也可以更覺知地與它合作。

希爾曼更進一步駁斥想要從遺傳基因或環境影響，去尋找「我是誰」的謬論：

如果我們承認自己是遺傳與社會因素較勁下的結果，等於是自甘降格。如此一來，我的生命舞台上演的，只是基因排列密碼、遺傳特徵、創傷時刻、父母親的潛意識、社會環境偶發事故，外力編排好的一齣戲。我的人生傳記變成一部受害者的故事。[7]

「你的本質中含有一些其他成分，是過去擁有而至今依然存在的。」希爾曼強調，是這個東西在你即將被生命滅頂時，能夠出來拯救你。你並不受限於此生此身。

他所提及的這個「過去擁有而至今依然存在的」部分，非常輕巧地呼應當代蘇菲的生命觀。

記得我是誰

什麼是蘇菲（Sufi）呢？雖然蘇菲緣起於伊斯蘭文化，但是它是伊斯蘭文化非常著重精神面的一個分支，在教義上也和一般伊斯蘭宗教截然不同。在台灣或世界各地，一提起蘇菲，大家會聯想到蘇菲旋轉，這是蘇菲的一種冥想的舞蹈，在旋轉當中進入到「融入一切，成為一切」的幸福，與神合一的狂喜。然而，不管是透過靜態或動態的冥想，蘇菲所追求的精神目標是和上帝有直接的、個人的體驗。

蘇菲真正追尋的是生命之道：擺脫二元對立世界的幻象，深深看到隱藏在二元的背後、隱藏在所有宗教背後，那個無所不在的唯一存在（The One Being）。哈茲若・音那雅・康認為，許多戰爭起因於宗教的分歧，然而，我們應該要著重的是宗教的相同點，因為所有的宗教膜拜的都是同一個存在。穆罕默德、佛陀、摩西、克里希納（Krishna）……都是唯一存在（The Only Being）派來的使者，在不同的時代和不同的文化，化身為智者和先知，帶給當時的人們所需要的訊息和教導。

因此，哈茲若・音那雅・康在一九二〇年代，於倫敦發起了一個「普世崇拜」（Universal Worship）的運動，邀請所有的宗教一起來敬拜神，他所舉行的敬拜儀式當中，神龕上點燃六根蠟燭，分別代表佛教、基督教、印度教、伊斯蘭教、索羅亞斯德教、希伯來教，這些宗教的典籍也同時都安置在神龕上。

他希望大家能夠了解，多樣性當中的合一本質。他在異中取同，並且強調：所有的宗教宣稱的神，其實都是唯一的存在。沒有我的神比較厲害、或你的上帝是假的、我的才是真的這樣的分別。如果大家一起敬拜神，或許就可以兼容彼此的差異，因為大家本質上都是兄弟姊妹，從同一個神（源頭）而來的。

蘇菲有一個冥想練習叫做Zikr，意思是「記得」（Remembering）。

7　引自《靈魂密碼》，第15頁。

透過反覆的語句和身體動作，要提醒練習的人記得自己是誰。經典的 Zikr，意思是：「除了唯一的存在，別無他物。」這句話消融所有的個體性，因為所有一切都是唯一存在。這是從人的角度去看唯一存在，達到超覺而且合一的狀態。

既是有限，也是無限

然而，在當代的蘇菲學校，維拉雅・音那雅・康（Pir Vilayat Inayat Khan）提出更加圓融的觀點。他從神的觀點解釋 Zikr：「唯一存在就是所有一切，而所有一切也是唯一存在。」（One is All, All is One.）這個「記得」，彌足珍貴，因為唯一存在透過每個個體的存在呈現出來。我們每個人都是涵融永恆的、無限的、無垠的存在。

這個「記得」再度帶我們來到「一粒沙子，可以看到世界」的全息觀（Holographic View），就算是滄海一粟，也是攜帶著宏偉藍圖。

所以，我們要如何做到同時是有限的存在，又是無限的存在呢？這是我們人生最大的挑戰，對此，哈茲若・音那雅・康提出一個修行的建議：「與無限保持一致，與有限保持和諧。」[8] 意思是，和生命所遭逢的一切，保持和諧，節奏一致；同時繼續和我們生命的無限泉源保持同調，協調一致。

我們此刻的生命或許很短暫，如幻夢泡影，不斷變化又稍縱即

8 原文為：To be tuned with the Infinite and to be in rhythm with the finite.

逝。然而我們有一個面向是從過去以來就存在的，匯集靈魂累世的智慧在此時呈現出來，而且將一直延續到未來，永遠存在。

> 玫瑰的心中有種子，比較成熟發展的靈魂的心中也有種子，可以製造出許多玫瑰。玫瑰綻放之後凋謝，但從玫瑰中提取的精華（essence）將繼續存在，並且保存玫瑰盛開時的芬芳。當靈魂已經接觸到這個意識層面，就算在地球上存活的時間有限，但他們留下的精華將存活數千年，永遠保有玫瑰盛開曾經散發的相同芬芳，並且帶給人相同的愉悅。
>
> ——哈茲若．音那雅．康

在這個短暫的一生中，我們要怎麼定義自己呢？我們既是綻放而後凋謝的玫瑰，也保有永恆的香氣，這個獨一無二的組合成為我們的此刻現在。

希爾曼於是希望每個人都在此刻，記起這個永恆的精神面，同時使用這個資源，好好地綻放自己。他認為所有的心理治療都必須要以此為重點，幫助每個人記起他／她的靈魂藍圖，他的「芬芳」（本質），遠比起一直耽溺於創傷治療、或認同宿命論，來得更重要。

換句話說，希爾曼相信每個人的誕生本來就有意義，因為每個人都有靈魂，我們的靈魂知道我們出生前的計畫。

關於靈魂的潛能開發

哈茲若．音那雅．康很愛說故事。有一次他說了這個印度年輕搶匪史瓦濟（Shivaji）的故事，這其實是一個靈魂潛能開發的故事：

史瓦濟是個年輕搶匪，他總是攻擊自家附近路過的旅人，搶奪他們的東西。

有一天，在他前去搶劫前，他造訪一位智者，他說：「智者，我要你的祝福。」智者問：「你是做什麼的？」他說：「我的職業是搶匪。」

智者在他的臉、眼睛、聲音裡，發現史瓦濟內在是顆寶石。

智者說：「好的，你有我的祝福。」

獲得祝福的史瓦濟，很高興地離開，而且這一次，他的搶劫比之前更成功。他開心極了。

於是，他回到智者那邊，並且恭敬彎下身碰觸智者的腳，說：「你的祝福太美好，讓我這次行動非常成功。」

智者問：「你的幫派有多少男人？」

史瓦濟說：「沒別人，我都單打獨鬥。」

智者說：「可惜了，你必須召集一小群人，設法把他們團結在一起行動。」

史瓦濟聽從這個建議，再次高興地離開。他果然聚集了一群人共同行動，他的搶劫事業蒸蒸日上。

他再度造訪智者，智者問史瓦濟，「你現在有多少人手？」他回答：「四、五個」。

智者說：「這哪裡夠用？你起碼要把人手增加到五十人甚至一百人，才能做一些有價值的事。」

史瓦濟開始發揮他人格的魅力，召集更多搶匪，他們有組織地進行很多次的大膽行動，甚至冒生命的危險攻擊車隊，他們變得非常成功。

時候到了，一天，智者對史瓦濟說：「你不覺得這樣太可惜了嗎？你這麼個英雄，不怕生命危險，有這麼多挺你的兄弟們，你何不試試看推翻外來的莫臥兒王朝的政權，把他們趕走。至少在我們這個區域，我們可以統治自己。」

搶匪蛻變成賢明的君王

史瓦濟做到了，他成功地把占領者趕出去，成立一個王朝。他的下一步是要收復所有在印度被莫臥兒王朝占領的地方，可惜他死得太早，沒來得完成這個夢想。但是在他有生之年，史瓦濟成為一位受人民愛戴的君主。他天生的領導潛能被澆灌而發芽茁壯，成就他起初不曾想像的事。

如果當初這位智者，一聽是個強盜前來請求祝福，便說：「你這個糟糕的人，專幹這些壞事，快回到工廠裡去認真工作吧！」史瓦濟就毀了，可能永遠是不成氣候的小搶匪。但是這位智者看到他靈魂裡的寶石，瞥見他內在的橡子。智者知道當搶匪只是史瓦濟的第一步，他還有更重大的任務要去完成。

於是智者慢慢引導史瓦濟，從五個人到五十人到一個軍團，一步步練習當一位領導者。最後他全然發揮潛力，成就他靈魂的使命，擔任一位君王，解放了被壓迫的人民。

當自由意志面對生命的召喚

我覺得這故事裡的智者極有遠見。第一次見面，他就讀懂這個年輕人的靈魂頻率，看到連他自己都尚未覺察的潛力，而宇宙的更高意識則透過這個智者引導史瓦濟，完成他靈魂的進化，成就宇宙的願望。

但要說史瓦濟只是宇宙神聖的旨意的代理人，又不全然如此。他的靈魂藍圖雖擁有這個非凡的潛力，但這發展當中的每一階段，他都可以說：「我不幹了，我當一個成功的搶匪就好。」但是每一個階段，他都毫不猶豫地聽從這個智者，選擇對他被賦予的挑戰說：「好，我去做。」

他自我的意志（will）受到他靈魂的感召，臣服於更大的神聖意志；接下一次次的艱鉅任務，逐漸揮灑出他英雄的本色。

可是，我們有更多人或許因為創傷而恐懼改變，於是對於生命的召喚裝聾，假裝沒聽到，忙得沒空理會心裡的渴望，因為那會有太多未知，對目前生活改變太大。這當然也是在行使自由意志。但是，生命的召喚是來自靈魂，就算你推開它，它可不會那麼輕易就放棄你。這個召喚將繼續透過其他事件或人，觸碰你、搖晃你，希望你覺醒。

● 個案故事　蘿絲如何打倒惡魔

蘿絲終於出院了。去年九月，她突然精神異常，被強制送醫，關在精神科療養單位一段時間，至今還在服藥。COVID-19 肆虐，英國鎖城太久，蘿絲所有的社交生活都中斷，獨居在公寓裡，每天僅透過 ZOOM 工作開會，她無聊得發瘋。沒想到真的也就發瘋了。

一開始是有天早上她在冥想的時候，突然昏厥過去，醒過來已經晚上，從那天開始，她就開始看到惡魔試圖帶走她，傷害她。

「我不知道我怎麼了，無意識的那幾個小時我人在哪裡？每天都擔心這會再次發生。」蘿絲心有餘悸地說著，彷彿這事才剛剛發生，其實已經事隔半年。

我們必須先消除這個事件的創傷後遺症。工作兩次過後，她不那麼害怕，然而對於「惡魔」的想像還是很鮮明。

能量診斷的結果，發現蘿絲有界線的問題，而且她的能量體呈現分裂的狀態，這個狀態會讓她感到全身乏力。蘿絲睜大眼睛望著我，說這正是她此刻的感受。她這兩天全身無力，雙腿軟趴趴，連出去散步的力氣都沒有。

蘿絲覺得她無法保持和惡魔的界線，它們隨時可以入侵。況且她如果抵抗的話，只會造成更不好的後果，她可能會被傷害或肢解，所以乾脆就躺著等惡魔過來侵犯她吧。她說，任何人都可以對她做任何事，她很虛弱，無力抵抗。

聽到這些話，我心裡覺得很不妙，這是被性侵的徵兆。

蘿絲的身體知覺，引導我們來到發生在她五歲時和父親之間的事。這件事藏在深不見底的潛意識，直到今天才被打撈上來。

蘿絲心跳加快，她看到父親把自己壓在床上，他要蘿絲當他的

「乖女孩」，聽他的話，他撫摸親吻她，做了種種不堪的事。還威脅她不能讓媽咪知道，因為這「都是她的錯」，是她造成的，媽咪如果知道會很傷心。蘿絲凍結了。

就像所有曾經被家人性侵的小孩，她完全接受父親對他的指控，頭腦一片空白。

蘿絲終於明白為何她在父親面前，總是要把全身裹得密不透風。

我和蘿絲先前曾多年一起工作，知道她在成長中父親經常粗暴地羞辱她，傷害她自尊，兩人關係一直很不好。但是這件事超乎想像。

沒想到隔天我們見面時，爆發另一樁更驚人的事：她七歲和家人一起度假的時候，在度假小屋被彼得叔叔性侵。這叔叔是他們家的常客，父親的「密友」。彼得趁著四下無人的時候，在走廊上對蘿絲伸出魔掌，她那時穿著比基尼泳衣，正要去游泳。彼得叔叔強壓蘿絲在牆上，猥褻她，也威脅她，再次顛倒是非地告訴她：「我知道妳很享受我這樣做。」「誰叫妳穿那麼少引誘我，妳這個下賤的女孩。」「這都是妳的錯。」更令人髮指的是，彼得叔叔宣稱：「妳爸爸把你們之間的事都告訴我了」。言下之意，他也可以如法炮製，對她為所欲為。他告訴蘿絲只要他太太不在，他會再來找她。蘿絲既無力反抗，也沒有逃跑，雙腿顫抖如果凍。最後她虛脫倒地。

蘿絲哭喊：「我看見粉紅色的光離開我的胸膛，那是我的心嗎？我的心離開我了！」這是她分裂的部分，有部分的她不見了。

誰想得到，傷害蘿絲的人竟然是她身邊最親近的人。最令人不忍的是，五歲和七歲的她，都背負了「這是我的錯」的指控，罪惡感攪拌著羞愧和自我無價值感，一直在催殘她的自信。這些記憶被封鎖數十年，直到封城而來的孤單不安，讓事件浮出潛意識。

我想在蘿絲的潛意識裡，寧願傷害她的人是惡魔，而不是爸爸和彼得叔叔。

我們終於發現蘿絲腦子裡的惡魔是誰，她全身乏力，「只能躺著等他們過來侵犯她」。

我們進行了幾個能量的介入治療，才平復蘿絲的創傷。

「最糟的事已經過去了」，我不斷告訴她：「雖然真相令妳痛苦，但也會帶來自由。」

最後，我要她回去那個度假小屋的走廊，看看是不是還有什麼事情令她害怕的。出乎我意料之外，蘿絲看到七歲的自己站得挺直，正在對彼得叔叔說話：「把你的髒手拿開，如果你敢再碰我一下，我會告訴嬸嬸。那時候就有你好看。如果你日後敢再來煩我，我會殺了你，我會把你的罪行公諸於世，讓全世界都知道你是個戀童犯。」彼得叔叔聽到這一番話，倉皇離開走廊。

我趁勝追擊，叫她回到五歲的她和爸爸所在的房間，如法炮製。五歲的蘿絲對爸爸說：「我討厭你這樣，一點也不喜歡。如果你敢再碰我，我會告訴外婆。外婆最疼我了，她一定會殺了你。」蘿絲看到爸爸從床上起來，驚慌後退，離開房間。

蘿絲穿越時空，戰勝了她的「惡魔」。她賦予五歲和七歲的自己力量，維護自己的界線。她領回所有她失去的部分，恢復自身的完整性。

時間不是線性的存在，過去、現在和未來同時存在這一刻。所以，我們可以回到過去，去改變我們的行為，改寫歷史。每個人都可以。

我想起多年前，蘿絲一直很想找到她生命的目的。那時候，她說她很在意受虐的小孩，每次她看到小孩被虐或性侵害的新聞，她就忍不住哭泣，她要做點什麼來為他們發聲。原來，她自己親身經歷過這一切，讓她更深刻地體會這些小孩的心情以及不為人知的幽暗。

許多事情突然兜在一起，我們也終於知道為何蘿絲這麼多年來不能有親密關係，她身體的疼痛反應，其實是心裡造成的。不管知不知情，蘿絲的創傷早已默默在引導她通往她的生命目的。

或許，她這次真的可以把她童書的寫作完成，獻給五歲和七歲的自己，為那些無法發聲的小孩說話，讓大家看到小蘿絲、小瑪莉、小亨利如何打倒惡魔。

誠如我的冥想老師蘇珊娜．貝爾說的：「你的創傷正在揭露你的生命目的。」

只不過，許多時候，我們在人世遭遇的創傷太過劇烈，導致我們切斷內在的資源，靈魂失焦，與源頭失連，我們成為物質的存在，找不到生命的意義。這便是蘿絲早年的困境。然而，這個創傷被揭露之後，蘿絲終於更加明白她真正想做的事，也急切想要完成童書的書寫。

雖然這個創傷還有波瀾，蘿絲的船時而顛簸。可是蘿絲說，她渴望能夠有一個充滿愛並且充實的親密關係。她明亮的心依然懷抱希望。

第二章　唯一存在，橡實，我

上帝說：「我因你的生命而完整。每個靈魂，每個靈魂都完成了我。」

——哈菲茲（Hafiz）

一般而言，人們使用全知、全能、無所不在來描述神。不同靈修派別或宗教，則給祂許多名稱：上帝、源頭、阿拉、造物主、自然之母、合一意識、唯一存在……無論是什麼名字，都是人類企圖以有限的語言，指稱這個難以言說、神祕又無限的存在。

這個宇宙生生不息的創造力量，是有意識的，具有高度智力。從一朵花、一隻小甲蟲，到遼闊無邊的星際，祂都在。正因為祂是孕育一切生命的生命，人類會以自然母親或天上的父親這樣的稱呼，來進行祈求。然而，有另一層傳承的意義，幾乎是不知不覺被嵌入這個稱呼。為了書寫，讓我們接下來選擇稱呼這個宇宙統一的意識為「唯一存在」（The One and Only Being）。

所以，我們該如何看待我們與這個唯一存在的關聯？祂真的是我們的創造者？是我們的父親或母親嗎？

對此，安迪・韓有一個既神祕又浪漫的解釋：

當你是「無所不在」、「無所不能」，而且你「就是一切」的時候，你無法愛。你知道有愛的存在，但你無法體驗愛。你需要創造出另一個自己，是和自己分離的一個存在，才能形成「關係」，有「關係」，才能體驗愛。

因此，當我們愛上一個人，我們知道他是和我們不同的個體，但是在更深的層面，他是我們自己。我們其實是在學習愛我們自己。[9]

於是，唯一存在渴望愛，而人渴望回到合一的狀態；生命本身同時透過這兩個方向在進化。一方面透過創造出許多的個體，實現豐富多元的生命樣貌來學習愛、來認識自己，這是進化的神祕範疇；另一方面，所有的個體都努力「記得」自己本來是誰，在身體裡醒覺，更清楚地意識到自己的靈魂真正的傳承，走向合一意識，心甘情願為唯一存在，為更大的生命本身奉獻自己。

一切都是來為生命服務的

安迪・韓說：「所有一切都是來為生命服務的。」這是他創造的「生命中心療法」（Life Center Therapy）面對問題的態度。這裡所談的「生命」是創造一切生命的生命。

因此，想要整合創傷時，我們永遠要從兩個層面來看待問題。在物質層面上，我們尊重個人的體驗，了解創傷事件對這個人造成的影響；然而在靈魂／精神層面，我們不能耽溺在「受害者」的觀點來看事情，我們必須回到自己是生命的「共同創造者」（co-Creator）的更高觀點來審視這個事件：「它對我們的成長，有什麼貢獻？」

我們本就是靈性的存在，來世上體驗人的生活。

9 節錄自安迪・韓的 potcast〈36 Living Fearless〉。

我們的意識、我們的自由意志、我們選擇對事件的回應，都正在創造我們的體驗，塑造我們的生命樣貌。從這個層面來看，唯一存在的確是我們的父親和母親，是我們的起源和傳承。我們的內在智慧可以和唯一存在協調一致，從而獲得內在指引。然而，我們的成長和學習也一直回饋給唯一存在。

「無論如何，我們內在有個驅動力，它不由分說地，就是希望我們繼續成長，讓生命朝完美的理想邁進。而我們個人的成長似乎也是宇宙的願望，因此訊息能夠共享，經驗能夠互惠。」這是我在拙作《原能量：穿梭時空的身心療法》一書，討論能量測試（Muscle Testing）的時候，所觀察到的事。

承接苦難，賦予苦難新的視角

安迪・韓認為，能夠同時面對這兩個層面，才是「自發療癒」（spontaneous healing）能夠產生的關鍵。在這個認知的基礎上，有更多的奇蹟將會出現，痛苦和恐懼也將轉化為恩典。

如此，苦難可以被承接，也能夠被賦予意義。因為「受苦」本身也是參與生命進化的動能和養分；受苦不是目的，只是通往目的引擎燃料。

但如果我們漠視物質層面的創傷，專注於靈性層面，就像有些靈性導師會做的那樣，他們會說這個創傷是你靈魂的選擇，人生的一切都是幻象，這是把兩個不同層次的問題混為一談，你絲毫不會因此感覺好一點，因為你此刻身為人的困難被忽略了。又或者，我們只停留在物質層面，想要療癒創傷，除了反覆陳述困境，似乎很難不走向宿命論，「為什麼這樣的事偏偏發生在我身上？」生命成為充滿不確定性、無意義的傷害，似乎怎麼努力也不能保證幸福。這時候很容易怨天尤人，被悲觀憤恨淹沒。

所以，要轉變我們與已經發生的痛苦事件的關係，需要我們能夠同時擁有這兩個層面的關注。

● 個案故事 業力是靈魂的學習

茵茵這輩子一直有被背叛的議題，同事、先生、合夥人都相繼背叛她。茵茵覺得很受傷。當我們治療這個問題的時候，茵茵進入一個前世的回溯。

她是一位帶兵打仗的將軍，因為一意孤行，讓整個軍團進入敵軍的陷阱，他的士兵們被困在一處險惡的峽谷。大家陸續凍死或餓死，他卻不准士兵投降。最後，他被自己最親信的副官刺死。他不可置信地看著他的副官，認為自己被背叛了。

然而，這個背叛是雙重的。因為另一方面，這位將軍背叛了信任他領導的士兵們。由於他不採信副官的警告，帶著軍團步入敵軍設好的局，導致全軍被圍困。他還下令要大家跟他一起奮戰到最後一刻。副官不忍士兵們的犧牲，憤怒將軍的剛愎自用，想要拯救士兵們的性命，所以才刺殺他。

在物質層面上，茵茵的確在那一世經歷了被自己信任的下屬背叛而殺害的創傷，我們必須安撫她的傷痛和震驚。然而，在靈魂層面，她從這個事件的學習非常重要，靈魂希望她能夠放下驕傲，謙卑聆聽各方建議，來照顧為她工作的人。否則背叛模式只會繼續輪迴，這是她的業力。

當這兩方面的背叛都能夠被聽見並且接納，茵茵便消融了她在背叛的議題上累世的業力，同時也轉化了她與背叛的關係。業力是為了靈魂的學習而存在。

拿我個人的故事來說，我先前因為飽受異位性皮膚炎折磨而非常痛苦，無法睡好覺，到處找解藥。結果生命引導我來到能量心理學，從此改變了我看待問題的方式，並且藉此療癒了我的皮膚炎，讓我找到人生下一階段學習的目標。所以，這一場病對我的身體是受苦，影響我的生活品質，然而對我的靈魂來說，它是我的助力，帶來靈魂重要的啟發和覺醒。

生命的打擊，催促我們往目標快速前進

有時候，生命會透過各種方式激發你的意志力，催促你朝你生命的目的快速前進。

哈茲若．音那雅．康曾記述一則東方寓言故事〈一隻狗的旅程〉：

有一隻狗要去某個城鎮。牠的旅程很長，這通常需要兩、三天。但是牠卻在當天日落之前抵達。那鎮上的狗都很吃驚，沒想到竟然這麼快就見到牠。

「是的，這是一段很長的旅程。」這隻狗說：「但我把我的速度歸功於其他狗同伴的善意和幫助。自從我離開家後，每當我感到疲倦並試圖停下來休息片刻，立刻會有四、五隻狗跑過來對我

狂吠，想咬我。所以我不得不繼續跑，不能在那個地方休息，也不能尋找食物。而且我到的每個地方都這樣，直到我抵達了我的目的地。」[10]

從這個故事出發，我們可以把所有一路上挑戰我們、打擊我們的事物，視為督促我們往前的助力，就像是衝過來想要咬我們的狗——迫使我們在短促的時間，發展出更堅毅的人格，抵達目標。

與神談戀愛

不是所有的人都這麼一本正經的看待唯一存有和人之間的關係。

蘇菲的詩人就完全顛覆我們與神的關係。魯米（Rumi）、哈菲茲（Hafiz）、卡比爾（Kabir），這些波斯詩人喜歡寫情詩給上帝，甚至身體力行地追求神。對選擇走上這條路徑的詩人和祕士，他們企圖從和神的關係來學習與人的關係。神是愛人，是被愛的人，也是愛本身，而每個人既然是神的對境，也都是神的愛人、被愛的人，以及愛本身。

看看這首十四世紀波斯詩人哈菲茲的抒情詩〈它感到愛〉，標題已經不言而喻了：

玫瑰
是怎麼決定打開
它的心

10 這篇故事擷取自 *The Will, Human, and Divine*。

而且把它
所有的美
給了這個世界？

它感受到光的鼓舞
照射著它的
存在

要不然
我們全都會
太害怕

多虧這麼多的詩人、祕士、音樂家，這場人與神美麗的戀愛談了好幾世紀，讓人和神恢復親密關係。能夠依戀、打情罵俏、相思、追求，創作出不朽的文學和音樂。

對於踏上這條靈性道路的祕士，以及真相的追尋者，神其實象徵人對完美和理想的投射，與萬物全然合一的願景。

哈茲若・音那雅・康有一首歌的歌詞是這麼寫的：

如果你無法在男人和女人看見神，
如果你無法在嬰兒和小孩看見神，
如果你無法在你自己身上看見神，
那麼你根本就看不見神。

因為
人是神的侷限
神是人的完美

人和神之間有一條線，線的一端是人，另一端是神。這條線是我們的精神（spirit）。當人努力鍛鍊自己的性格，朝著完美與和諧走去，人就具備更多的神性；當神想要體驗人的身體感受種種一切，神就變得更具備人性。

當然這裡所說的「完美」跟完美主義者的「完美」完全不同。這裡的完美比較像是我們做出一道好菜的時候，所有的比例剛剛好，放在性格的發展就是達到完美的平衡，沒有磨人的稜角，也沒有凹陷。而完美主義者的「完美」，則是恐懼「不夠好」所烹飪出來的種種挫敗和自我批判，恰好是阻絕了真正的完美與和諧。這是會割傷自己和別人的「不完美」。

在人的交會中，神遇見祂自己

我學冥想的學校「我是心」（IAM Heart）[11]，是傳承哈茲若・音那雅・康的教導，並且以當代的語言來推廣以心為中心的冥想練習，學校的願景是建立「心的文化」（Culture of Heart）。 雖然哈茲若・音那雅・康在一九二〇年代就離開人世，但是他的教導，在我看來非常具前瞻性。

他說：「在每個人和每個人的交會之中，神遇見祂自己。」

這是關於人的關係，最神聖的描述。光是讀到這句話，你會覺得驟然有光照到人間的舞台上。我們的生命多麼不平凡，我們都

11 「我是心」由普蘭・貝爾、蘇珊娜・貝爾（Puran & Susanna Bair）所創立，心的冥想法及更多資訊，請參考以下三本書：《心律轉化法》、《你的心就是宇宙：從心的四度空間開展無限潛力》、《靈性發展地圖：走出自我探索的迷宮》，皆由心靈工坊出版。

是神的不同部分；而生命之美，就在於和不同部分的非凡相遇，因為這是上帝正在「遇見祂自己」。

這句話不光是指人與人之間，就連我們和貓狗、蝴蝶、花朵和樹木的相遇，都是上帝遇見自己。因為一切都是「唯一存在」所創造的。

他認為，我們的身體是整個宇宙給予靈魂的供養，讓靈魂可以透過身體來運作，完成神聖的目的。因此，我們的存在，從身體到精神、從物質到靈魂，都有著不容置疑的神聖性。

我是我的心

IAM Heart，意思就是「我是我的心」。這學校名稱是通關密語。通往哪裡？通往我的心。認同我的心就是我，是改變自我認同的重要分水嶺。

每個人都有一顆心，這是我們的共同點。從心出發可以觸動每個人，連結更多人。心的力量是當前人類的進化最需要的面向，因為心是如此敏感，可以感知許多情緒，表達情感，且心的能量場是頭腦的一百倍，具有非常大的影響力。如果每個人都能夠認同自己的心，我們就不會做出傷害別人、傷害地球、傷害其他物種的事。因為對方的疼痛會令我們心痛。

任何時候，只要有一群人聚在一起，大家的心跳便會逐漸趨於一致，形成一個統一的心的能量場。這是心會自動一起做的事，不必設定鬧鐘。

學校的創立者普蘭・貝爾認為，宇宙有一個更大的心，是涵融所有個人的心。因此，我們每個人的心，都會受到這個宇宙之心（Universal Heart）的牽引。

「心是個雙面鏡，」哈茲若・音那雅・康說：「它反射了所有的外在以及所有的內在。」

因此，當我們的心純淨明亮，我們可以如實反射外在的事物，也可以反射內在。

我們的身分是流動的

這讓我聯想到一行禪師的說法，他認為我們的世界，所有的一切都是互相依存的（Inter-beingness）。

> 我昨天流的淚，成為今日的雨。
>
> ——一行禪師

我們的存在，是無所不在，我們的身分是流動的。

說不定今天下的雨，都是昨天的淚——可能是你的淚，也可能是我的淚，可能是河流山川的淚。

一行禪師可以說是我的領路人。他最了不起的地方，是把心的境界帶入佛學。

大部分談佛學的僧侶或法師，會一再告訴我們這個世界是個幻象，這輩子是幻象，是因果的組合。一切你看到的聽到的碰觸的，都是 Maya，是一場虛空。不必太認真。

一行禪師的說詞不太一樣，他雖也提醒我們不要受物欲控制，

12 Hazard Inayat Khan, *The Soul's Journey*, p. 48.

要看清物質的世界都是短暫的，無常才是本質，你迷戀或追求的是不斷在變動的東西，不要執著。然而，他並沒有著重於永恆或得道的概念。這是一個重要的分水嶺。

他認可我們與生命的約定。他接受人生的掙扎和痛苦。他並沒有渺小化身為人的種種經歷，他要我們把所體會的一切，帶入心裡，更深刻地看見。

一切存在都是相互依存

「我」是由許多事物構成的，而且許多事物當中都有「我」。

因此，我們如果傷害另一個存在，也等於是傷害自己。我們如果因為自私而滅絕另一個物種，我們也就滅絕了自己。

我在英國和一行禪師進行過三次僻靜。令我印象深刻的儀式是吃飯。吃飯總是安靜不語，幾百個人在食堂裡慢慢吃著每一口食物。

禪師說，當你咀嚼一片麵包，你如果看得更深一點，這片麵包裡有陽光、雨露、蟲子和飛鳥、農夫的汗水。每一口食物，都像是一個小宇宙。我們滿懷感恩地取用。

一行禪師以詩的語言，帶我們進入心的境界來生活，要我們更深的往內看。「Looking deeply.」他一再強調。

他的詩，〈請以我真正的名字稱呼我〉[13] 這麼寫著：

---

13 出自一行禪師（Thich-Nhat Hanh）詩集《請以我真正的名字稱呼我》（*Call Me by My True Names: The Collected Poems*），第 72 頁。本詩由王曙芳翻譯。

不要說我明天即將離開
即使是今天，我依然正在抵達

看深一點：我每秒都在抵達
成為春天枝椏上的小花苞
成為一隻小鳥，帶著還脆弱的翅膀
站在我的新巢穴，學習唱歌
成為一隻毛毛蟲謫居在一朵花的心中
成為一顆珍珠藏匿在一個石頭裡

我還在抵達，
為了歡笑和哭泣
為了恐懼和希望
我心的節奏是一切生命的出生與死亡

我是一隻正在河面上變動型態的蜉蝣
而且我是俯衝而下吞嚥蜉蝣的那隻鳥

我是快樂游泳的青蛙
在清澈的水池中央
而且我是一條草蛇
安靜地吃掉那隻青蛙

我是烏干達瘦骨嶙峋的孩子
我的腳細瘦如竹竿
而且我是軍火商
販賣致命武器給烏干達

我是那個十二歲的女孩
一條小船上的難民
在被海盜強暴之後
投海自盡
而且我是那個海盜
我的心無法真的看見或愛
………

這首詩闡述的是關於「認同」的事。

一行禪師帶我們來到「認同」的更高層次，不再侷限於受害者／加害者的二元對立觀點。

這樣的認同，是讓自己的心寬闊如天空，深邃如海洋。Looking Deeply，禪師說，往內看深一點。不要只看到表象，深深地往內看，你便可以在那裡看到你自己和所有的一切。所有的東西都是你：海盜和小女孩，青蛙和草蛇，花朵和毛毛蟲，珍珠和石頭。陷落與榮耀，光明與黑暗，恐懼和希望，都是你，都是我。

一行禪師所提出的這個觀照方式，其實是敞開心的修行。和在 IAM Heart 的教導非常相似。從心的觀點來說，我們和其他人或物的界線其實是難以界定的。我們可以感同身受一切。「我心中有你，你心中有我。」是依心而活的寫照。一直想要拉開距離，劃清界線，是頭腦的作法。

如果能夠從這個觀點來看自己以及自己的遭遇，我們就不可能有原型的認同創傷。我們不可能被一個狹隘的認同框住，而且產生補償行為，緊抓不放。

因為這樣的觀點，帶著強大的慈悲與寬恕的力量，引領我們對於世界的殘暴扭曲，深深嘆息，卻也深深呼吸，做自己能做的該做的。

在間隙中，看見烏雲背後的光

另一位我景仰的藏傳佛教禪師明就仁波切，他則教導由另一個方向來修行「什麼不是自己」。[14] 我們在第一部所談論的認同創傷，也正是在做這件事，我們是透過能量心理學的方法找出困住自己的認同，放下認同的束縛以及最深的恐懼。

明就仁波切為了斷開自己舊有的認同，走出保護他的寺院，放下仁波切所有的頭銜、袈裟、責任、生活方式，成為街頭乞討、露宿郊野的行腳僧。他想要知道沒有了這些熟悉的身分和生活屏障之後，他是誰？在這次向外雲遊，卻「向內朝聖」的旅程，明就仁波切有了瀕死經驗，他詳述自己如何面對恐懼、厭惡、羞愧種種情緒，也經驗肉身的痛楚以及意識的消蝕。

他把這些面對變動和陌生事物時內心升起的負面情緒形容為烏雲，被烏雲遮蔽，內心凌亂不已。要如何讓內心回到清明的狀態呢？

他建議我們透過修持，找到「介於之間的空間」（the space in-between）。他指的是，介於我們每個念頭之間，介於每種心情之

14 明就仁波切最為人所知的禪修暢銷書《世界上最快樂的人》和《你是幸運的》，分別由橡實文化及眾生出版。

間，介於每個感知之間，以及介於呼氣和吸氣之間的間隙：

為何這個間隙如此珍貴？比方說我們看著多雲的天空時，有一些雲會比另一些雲更明亮，有一些則會比另一些更灰暗；它們移動得有快有慢，呈分散狀、變化不同形狀、消融於彼此。突然間，雲散開了，在一瞬間，我們能夠瞥見太陽。雲層的散開就是一個間隙。那些雲層就是心未經訓練時所呈現的正常形式，無止盡地抱怨我們的生活、餐點、行程、病痛、過去的問題和投射。此外，這些念頭自我們過往的心理歷程和社會制約條件而生起，然後經過欲望、貪念、嗔怒、嫉妒、傲慢等情緒的塑造而穿過我們的心。層層浮雲流動著，飄移到心中，再從心中飄走，速度時而緩慢時而狂暴，製造出驚奇或是激發出恐懼。我們有可能深陷於自我編造的故事情節中，甚至不去嘗試了解雲層的背後是什麼。或者，我們可能誤將這一連串流動如雲般的念頭，視為雲層下的本然心。但是如果我們留意的話，就會認識到這個間隙——介於念頭與念頭之間稍縱即逝的空間。[15]

明就仁波切鼓勵我們從間隙之間，看到靈魂的空性。他說，任何我們認為與「我」有關，或稱為「我的」事物，都在暗示著最強烈的捆縛。

兩位禪師指出不同的修行路徑，最終都是想要了解真正的「我」是誰？一個透過加法，一個透過減法。

在人世上，我們是和許多東西相互依存，是由許多東西供養的，從這個角度看來，其實沒有絕對的「我」，「我」既沒有開

15 引自《歸零，遇見真實》，第112頁。

始，也沒有結束。往內的朝聖，放下世俗認同的「我」，對所有的情境和感受不執著、不推開，帶著覺知，便可以看到浮雲之間的間隙，透出自性（靈魂）的光芒。

在執著於超然之間，找到平衡

曾經有個學生問音那雅．康一個關於幻象和執著的問題：

學生：「當一個靈魂來到世上，有沒有可能保持沒有幻象和執著？」

音那雅：「是的。但是就某種程度而言，幻象和執著都是必要的。如果沒有幻象和執著，就如同永遠是白天，而沒有夜晚。我們需要白天也需要夜晚。如此，我們可以享受白天，因為有夜晚，日出日落都帶給我們快樂和幸福。

但是在那個幻象和執著當中，有著因動機而帶來的力量，藉由這個力量，生命的目的被達成了。如果一個人完全沒有一丁點兒的幻象和執著，那麼連這個身體也很難維持住，因為即便身體也是一種執著。……執著也是靈魂的魄力，帶著磁性的吸引力。」[16]

讀到這段對話，讓我十分歡喜，解開了我長久以來對於佛教所倡議的「執著與幻象」的困惑。我們需要有心中的渴望所帶來的動機和力量，去完成一些事。渴望是很重要的內在資源。

對此，維拉雅導師有很深刻的註解：

---

16 Hazard Inayat Khan, *The Soul's Journey*, p. 193.

哈茲若・音那雅・康的教導不是叫我們沒有欲望，而是將欲望視為「神聖衝動」（divine impulse）的表達：人就是在熱情和超然（detachment）之間不斷尋求平衡。

熱情使事情發生，而超然使人擺脫糾葛，可以不執著自己努力的結果——繼續打破自己的紀錄，而不是故步自封。哈茲若・音那雅・康教我們，通過滿足一種衝動——例如，建造房屋或演奏音樂的願望——可以獲得巨大的力量，因為人們已經將自己的願望付諸行動。遵循靈性的道路，並不排除改善一個人的世俗狀況。[17]

所以，我們可以藉由努力去達成一些小目標，來鍛鍊自己的心智和力量。這件事必須是自己目前很想做的事，但又不能夠太簡單而沒有足夠挑戰，也不能夠太過困難，容易失敗，還記得前面史瓦濟的故事嗎？如此，當每一次的挑戰成功，我們都會累積力量，面對人生當中更大的挑戰。

這時候，你人生真正的目的會現身，找到你。

決心必須經過淬煉

有一個年輕人來找維拉雅導師，說他想要成為作家，但是他沒能寫出一本書。他曾嘗試著寫一些東西，不過他自己或讀到它們的人都不喜歡。然而，他看不到除了當作家這個目的，他生命還有想做的事，所以他打算自殺。

17 Pir Vilayat Inayat Khan, *Introducing Spirituality into Counseling & Therapy*, p. 85.

維拉雅問他，有沒有除了寫作以外，他想做的事。但年輕人堅持，他沒有別的想做的事。「好吧！」維拉雅導師說：「我承諾你，你即將成為一位作家，但是在此之前，你應該先成為別的──你有什麼業餘的興趣？」年輕人說，他曾經是個攝影師，但是攝影這件事他並不感興趣。維拉雅導師給他的指示竟是：「成為一位攝影家，而且當你變得很成功時，放棄攝影，然後成為作家。」

雖然這個年輕人感到困惑，不明白為何要成為作家之前，要先成為攝影家。但他還是聽取維拉雅導師的建議，努力成為一位攝影家。

幾年之後，這個年輕人回來找維拉雅導師。他說他變成一位成功的攝影家，而且因為攝影的關係賺了很多錢，名利雙收。雖然對他而言是個很困難的決定，但是為了成為作家，他放棄了攝影。後來，他真的出版了一本書。

維拉雅導師利用攝影來訓練這個年輕人；為了要在攝影成功，年輕人必須要學習很多東西：直覺力、觀察力、構造、組織、耐力和自信。當他專注在攝影上，就暫時放下寫作。

有時候為了來到新的境界，我們必須離開原本立身之處，才有辦法超越自己，獲得新的視野。就如同這個年輕人，他無法在原來的寫作上突破，可以先退出寫作，轉而進行攝影的訓練。

當年輕人專注於攝影而獲得成就，他來到了新的境界。接下來，他便能夠履行自己對寫作的承諾。而且因為他對寫作的熱情沒有改變，攝影的成功成為他的基石，他踩著這塊穩固的基石，來成就他完成寫作的渴求，這是靈魂與人格共同完成的美麗協奏。

常常我會被學生問及，如何知道靈魂的使命呢？許多人說他們對一件事的熱情只有三分鐘，而且喜歡的事一直在改變。我會說，先練習專注，然後你的熱情才能真的派上用場。我們的熱情、我們喜歡的事，也會隨著我們的意識提升而變化。聽從你的心，如果真是你的靈魂想做的事，你會愛上它。就算你暫時放棄，也會再回來敲你的心門。

關於心和靈魂的關係，我最喜歡我的冥想老師普蘭和蘇珊娜的說法：

每一個靈魂都有自己調和出來的獨特頻率，顏色濃淡特各有不同。靈魂之光集中到心中，會被心轉換成一種特別的能量，也就是「愛」。心中的能量流動時，我們就會感受到自己的情感。

因此，心會銘刻上靈魂的願望，這個願望會變成一股深層的情緒，一輩子在心中翻滾，引導並驅使我們的人生。心啟動了意識之後，這股驅力會轉化為我們的興趣，然後是想要創造的濃厚欲望，最後變成勇往直前的行動。[18]

18　引自《你的心就是宇宙》，第58頁。

第三章 靈魂渴望被看見

有時候，當我們都不相信自己的時候，如果有個你信任的人能夠替你相信你，深深地看見你，就可以帶來自我認同的劇烈轉變，使一個人脫胎換骨。

創立靈性學校「我是心」（IAM Heart）的普蘭・貝爾，就曾經親身經歷了這麼酷的轉變。

在你的眼裡我看見自己

普蘭年輕的時候非常不快樂，也不喜歡自己。他當時是電腦工程師，也是反戰的激進分子，對美國政府參加越戰非常憤怒。許多和他一起上街頭從事反戰運動的朋友都被抓進監獄了。有一天，他去聽了維拉雅導師的演講，讓他相當震撼。他覺得他找到老師了。維拉雅導師是哈茲若・音那雅・康的兒子，他在英國和法國受教育，雙修哲學和心理學，他繼承父親的遺志以及靈性教導，進一步發展以心為重點的冥想方法學，也接管蘇菲教團的領導職務。

「一九七一年，我遇見我的老師。當時我意識到在許多方面我都是失敗的，我感到很悲慘。維拉雅老師問我：『你想要什麼？』我說：『我想死。但不是身體上的死亡，而是在每一個其他層面的死亡。我想要從頭來過。』維拉雅老師看著我，說道：『你要的很多。』然而，他做到了。」

維拉亞老師，成功的幫助普蘭當初的「自我」（ego）在各個層面都死亡，蛻變成新的自己。

「在十年的時間，我轉變到我幾乎不認識自己。我的興趣、態度、行為，還有使命感都徹底改變了。接下來的二十三年，我繼續和維拉雅老師學習。」普蘭回憶他的重生經歷。維拉雅就像是他的靈性父親。

然而，讓普蘭真正想要轉變的契機是，他在維拉雅的眼裡看見的自己，和他自己所看見的自己是這麼不同，他說：「我很想要成為那個維拉雅老師所看見的『自己』。」

日後，普蘭擔任維拉雅冥想組織裡重要的講師，甚至被維拉雅託付重任，希望他和蘇珊娜兩個人一起離開學校，出去自立門戶，創辦另一所靈性學校，卸下蘇菲傳統的包袱，以更親近當代的語言，來傳遞關於心的訊息和教導，這就是「我是心」（IAM Heart）學校的由來。

維拉雅在普蘭萬念俱灰的時候，讓他原本的「自我」（ego）死去，重新發現自己新的可能，他看見了普蘭埋在心裡不同凡響的橡實、神聖的印記。維拉雅提供環境和教導，讓它在普蘭身上發展。而普蘭對於維拉雅老師的尊崇，使他信任老師所看到的自己，這確保了他「理想的自己」繼續茁壯。

我的出走日記

《我的出走日記》是台灣最近很受歡迎的一部韓劇，女主角廉美貞為了前男友跟銀行辦信用貸款，後來前男友倒債不還錢，很明顯是在利用她的善良。每次美貞打電話找前男友，他要不是搞失蹤，要不就先發制人地罵她，好像錯的人是她似的。

內向又膽怯的美貞，害怕父母知道她的債務，也不敢讓同事知道她被騙了（前男友曾是公司同事）。不得已之下，她把自己所有的積蓄拿去還清前男友所欠下的兩千多萬韓元貸款。正跟美貞開始交往的具先生看不過去，跟美貞要她前男友的姓名電話，想叫他的朋友去幫美貞討債，結果她惱羞成怒，氣噗噗地對他發脾氣，說出這麼一段精彩對話：

美貞說:「請你別管我，就算我看起來再傻、再笨，你也別管我。等我開口求助的時候，你再幫我。跟人撕破臉這種事，有些人就是做不到。連發個脾氣，對我來說都有困難了，何況是要去硬碰硬！」

具先生說：「我看妳對我發脾氣，倒滿厲害的。」

美貞說：「那是因為你喜歡我。在喜歡的人面前，做什麼事都可以。所以，你要好好崇拜我這個傻子。讓我擁有近乎自戀般的自信。到時候我就能面不改色地把想要對那混帳說的話都說出來。我要你讓我有這樣的改變。讓我不再擔心別人知道我的事。就算昭告天下，也能過得怡然自得。我要你崇拜我。」

這大概是我聽過最酷的求愛了。她不是說「請你跟我交往」，她是直接跳過「交往」的程序，說「請崇拜我」！

美貞希望能夠透過具先生對她的寵愛崇拜，把空洞的心填滿，讓她找回自信，去面對世界的殘酷和欺凌，去面對人際關係的蜚短流長。

她不要他幫他討債，出一口氣。因為這些都不是重點。重點是她自己必須轉變。但現在的她沒有辦法做到，因為她正在經歷不堪、羞辱、自尊被撕裂。她需要有個人注視她，相信她能夠轉變。

當具先生開始回應美貞，安靜地陪在身旁，到車站等她下班、看月亮、吃飯、散步。她就像被晨露滋潤的玫瑰，嘴角有了笑意。她變得美麗，可以隨興說話，自我懷疑被寵愛稀釋了。美貞開始找到自己在廣闊的宇宙中的位置，自己和世界交談的方式。

誰讓公務員成為拚命三郎？

二〇二二年的美國 NBA 職籃賽，塞爾提克和勇士隊對決。當大家都把焦點放在勇士當家球星史蒂芬・柯瑞（Stephen Curry）和其他射手時，前鋒安德魯・威金斯（Andrew Wiggins）突然愈打愈神，左攻右防，在柯瑞被窒息看守無法得分的情況下，他一邊得分，一邊搶籃板，還能貼身防守對方最厲害的球員，球評員不斷說：「公務員又加班了！」他可以說是第五戰金州勇士可以戰勝塞爾提克的關鍵人物。

媒體全部都瘋了，這位威金斯之前在灰狼隊五年被譏諷為「公務員」、「枸杞兄」，因為他很養生，每場的表現不好不壞，得了一些分數，他就「下班」，不為球隊拚命，曾經因此把他的前教練氣到差點心臟病發。沒想到他成為勇士隊的先發球員，在史蒂夫・柯爾教練（伯樂）調教之下，獲得勇士隊優秀的隊友們信任（環境），威金斯突然成了拚命三郎，一躍成為令對手畏懼的前鋒，能投、能搶、能攻、能防，球鞋又帥，質樸的笑容好迷人。

球評報導這麼說他：「不養生的威金斯除了要防守對方頭號得分箭頭塔圖姆（Tatum）外，他還多次上演暴扣戲碼，讓勇士主場徹底沸騰，展現出無人可及的可怕天賦。」

柯爾教練很惜才，兩年前，他看到了表現平平的威金斯的天賦，把他交換過來。當伯樂有了，滋養他的環境也出現了，威金斯終於在當年季後賽潛力大爆發。

威金斯如果一直待在灰狼隊，恐怕職業生涯就此不了了之，他並不知道自己到底可以成為怎樣的球員。柯爾教練給了他適當的環境和鼓勵，讓威金斯有機會成為那個對球隊舉足輕重的明星球員。

慧眼識天才

下面這兩個故事是詹姆斯．希爾曼很喜歡說的，關於「慧眼識才」的故事：

一八三一年間，一項有趣的老式科學探索之旅將要成行；一位名叫約翰．韓斯洛（John Henslow）的教師提議，要他以前的一名學生擔任博物學員。這學生當時二十二歲；在校表現遲鈍，數學一塌糊塗，但很熱衷在鄉間蒐集昆蟲。他和同儕沒什麼兩樣；愛打獵玩樂，在老饕社團裡風頭很健，將來打算當牧師。現在的人會說他有「典型的家庭情結」，母親軟弱，由體重三百磅的父親獨攬大權。韓斯洛的慧眼卻看到了別的，他說服了這次科學之旅的所有相關人士——並且說服了這名學生本人。這個名叫達爾文（Charles Darwin）的學生終於成行了。[19]

一八九〇年代，哈佛大學的心理學教授詹姆斯班上有一名加州來的猶太籍女學生，相當多話。她上課遲到，似乎不曉得在聽什麼，老寫錯字，完全不懂拉丁文。她是很典型的差勁學生，凡事都做得手忙腳亂，現在的人會說這是「患有神經官能症的典型例子」。她考試時教了白卷，詹姆斯不以為意，反而給她的這門課打高分，幫她進了約翰・霍普金斯醫學院。他看出這學生有與眾不同之處。她便是赫赫有名的美國女作家葛楚・史坦（Gertrude Stein）。十年後，在遠離哈佛的法國巴黎，她才發現自己的天賦所在，成為我們後世所知的那位葛楚・史坦。[20]

當我們閱讀一些天才的傳記，會發現許多天才在小時候都頗麻煩的。小時候的他們，有的是過動兒、多話，或完全不說話，有的生活凌亂無章，有的成績不好，和社會格格不入，令父母頭痛不已。但是，在他們成長的過程，還沒有蛻變之前，總有個看見他們「與眾不同」的知音，可能是某位老師、自己的兄姊或朋友、主管或上司。這些有慧眼的人究竟是怎麼辦到的？他們看到了什麼我們看不到的？

尋常人只看到天才的張狂、麻煩、混亂，但上面這些故事裡的人，卻看到凡人眼睛看不到的本質，靈魂裡若隱若現的特質。他們的心能感受到天才的不凡之處。

希爾曼認為：「天資並不完全是隱而不見的生命潛能，它流露在行為上，可以被看見。馬洛列特之為馬洛列特，不在於他鬥牛，

19 引自《靈魂密碼》，第170頁。

20 引自《靈魂密碼》，第169頁。

而在他如何鬥法。葛楚・史坦體現的圖像之獨一無二，不在於她寫作，而在她如何寫法。橡實雖然遁於無形，整株橡樹卻處處可見橡實的影子。橡實沒到別處去，也不是存在於橡樹之先，而是摺疊在層層有形之下的作用，如同酥餅裡的油脂，如同蓬鬆麵包的香氣。那不是不折不扣的隱而不見，乃是雖不見猶可見。」

只不過我們一般人都被概念的牆圈住，「欠缺充分的想像薰陶，沒有見識圖像的能耐。我們若是透過典型、種類、等級、症狀來看人，就無法看清任何人的模樣。任何分類法都會抹煞個別獨特性。」[21]

你知道在拉丁文的天賦是「Genius Loci」，指的是「地方的精神（spirit）」嗎？

作家大衛・懷特（David Whyte）這麼說：「天分（genius）這個詞是在描述一地背後的質地，是一種匯集，比如空氣、土地和樹木，或許還有山丘、峭壁、溪流或橋梁，是一地各個關鍵要素的對話」。是這些關鍵要素分布、匯聚為地景。

但是關鍵要素並不全是可見的，就像是許多地方都有峭壁、溪流、橋梁，但是它們都擁有各自的精神和氛圍，為什麼呢？因為受到無形的因素影響：

一個地點有特定的經緯度，有特定的風、氣味和植物色澤，有朝陽在冷冽的清晨的特定照射角度，是特定要素的匯合，在地球上獨一無二，因此一處別無分號。同理，人的天分存在於身體的

21　引自《靈魂密碼》，第179頁。

地景，存在於跟世界的對話。

人體是活生生的地景，居於身體裡的精神和自我亦然。發揮個人的天分，就是自在地居於交叉口，人生的所有要素在此匯集，我們繼承的一切在此相會。……發揮天分是活出身體與世界之間的對話。

天分是既定的天賦，也是尚未實現的可能性。天分不是內在的物品，帶到表面以供剝削利用；而是一個對話，來跟從，來深化，來了解，來慶祝。天分是繼承和天涯的相會，是已說、可說和未說的相會，是實際能力和神祕引力的相會。天分是理解出生時的星空，站在下方，尋找地平線上躲藏的那顆星星，那顆自己原本渾然不覺在跟從的星星。[22]

天才需要伯樂，但不管是不是天才，我們都需要愛、傾聽和信任，才有機會發現自己。從另一個人眼裡，看到自己的反射，想像自己的可能性。

或許，有一天，我們也能夠成為這個反射他人，替他人保持對他自己的信任的人。對他說：「對你的信任就交給我吧，我這邊很多庫存，你不夠的時候，可以來跟我要。」

然後，回頭看見自己身上所匯聚的是什麼地景？有形和無形的質地如何呈現在自己身上？我們如何和世界對話？

---

22 引自《撫慰人心的50個關鍵詞》，采實文化。

第四章　關於靈魂，你所不知道的事

無論是我們真正會變成的樣子，還是我們害怕會變成的樣子，永遠凌駕我們自認的樣子。

——大衛・懷特

靈魂的本質是無名、無形、無特定認同、不受限於時間和空間，因此沒有誕生和死亡。正如一行禪師所說的：「沒有開始和結束。」這是我們的本質。

然而，從靈魂進入受精的胚胎，在子宮孕育成嬰兒，誕生在地球上的那一刻起，就成為一個個體。這個嬰兒被給予一個名字、有特定的長相個性，也存在於時間和空間的座標當中。我們在地球的人格，是從這個個體逐漸發展出來的。

然而，我們的靈性呢？是從哪裡發展出來的？

哈茲若・音那雅・康說：「靈性是內心的調頻。既不能透過學習，也不能透過虔誠祈求來獲得。」

調頻是個神奇的字眼，調頻的意思是校準想要接受的頻道。因此，我們把心調頻在什麼頻道，那個頻道經常播放的是什麼，烙印在心，成為心的感受認知，最後呈現為我們的靈性。靈性強大的人，不必透過言語溝通，而是散發一種氛圍，讓人立即被感染。

我們的身體是靈魂的工具，而我們的心則是身體和靈魂的橋梁；透過心，我們得知靈魂的渴望。但是只有透過身體和心的合作，我們才能完成靈魂的渴望。這是靈魂誕生在此的目的。

聽，誰在說話？

曾經有個學生如如，在懷孕的初期，有天意識到身體奇怪的變化。連續三天，她體溫突然升高，她懷疑這是靈魂進入她腹中的胚胎。不久之後，這個在肚子裡慢慢長大的胎兒的靈魂意識（高我），接通媽媽的頻道，開始跟媽媽聊天。那時胚胎大概才兩個月大。接下來，為了方便討論，我們使用「高我」（higher Self）這個詞來稱呼這個胎兒的靈魂意識，而且用小寶來稱呼寶寶。

小寶的高我不喜歡葷食，懷孕時如如一吃葷就吐。對於食物，他有偏好。如如常半夜肚子餓到睡不著，被他叫起床吃水果。他會跟媽媽說：「削顆蘋果吧！」或是「來個奇異果吧！」他對地球的食物充滿期待。而且，半夜不睡覺，喜歡跟媽媽閒聊。這個高我說他來自很遙遠的星球，是第一次轉世來地球。他之前居住的星球沒有「食物」，因此，對地球的一切充滿好奇。他不僅改變了媽媽的飲食習慣，還改變她的娛樂偏好。這個娃娃的靈魂喜歡看相撲、美食節目、CSI（美國犯罪偵探影集）、模特兒選拔賽。這些節目都是如如在懷孕之前沒什麼興趣的。

最有趣的是，小寶的高我爆料說，是自己促成媽媽去上能量心理學的課，讓媽媽積極清理她的身心，以便他能有個比較舒適健康的地方可以長大，就好像要住進一個房子之前，要先打掃環境的概念。高我告訴如如自己不要打疫苗，好讓他的靈魂頻率不要被阻斷。如如後來都按照小寶高我的指示去辦事，為了孩子不打疫苗，她面對許多來自社會和家庭的壓力，還是不妥協。看來小寶的高我真的為自己找了一個願意聽他的話、也夠堅決的媽媽，能夠支撐他在地球做他想做的事。

靈魂和地球人格的對話

但是，即便是靈魂意識這麼強大鮮明的小孩，一旦離開了媽媽的子宮，誕生為一個嬰兒，依然是得按部就班地長大，學走路、學說話、學溝通，學這個世界的一切規則和關係，累積自己的智慧和經驗。

如如感受到的落差很大。她還以為這嬰兒一誕生就會是那個在肚子裡跟她聊天的人，成熟懂事。但是並沒有。這個寶寶成為個體之後，有了一個名字，也有鮮明的個性。

小寶脾氣倔、會哭鬧、偶爾不講理，和其他嬰兒沒兩樣。如如觀察到，誕生後的小寶，似乎並沒有高我的記憶。

我很好奇，真正出生成為一個小人兒之後，小寶看電視的品味和飲食偏好有改變嗎？如如說：「小寶享受著地球小孩的活動，現在喜歡看卡通、YouTube 影片、打電玩。」

吃的方面呢？小寶的口味也和在媽媽肚子裡的時候不太相同，現在仍然喜愛水果跟生菜沙拉，但也很喜歡旋轉壽司、烤魚，偶爾也吃點雞肉、牛肉。

其實，上面這段話，我一開始寫的是「很愛吃牛肉」。我不曾把我正在書寫的文章跟如如分享，只是為了求證她當年跟胎兒溝通的一些細節，以 LINE 交換了幾次簡訊。結果隔天就接到如如的訊息，說小寶的高我要更正，他沒有「很愛吃牛肉」，只是一個月偶爾吃一次而已。

靈魂帶著使命而來地球誕生

小寶的高我怎麼會知道我怎麼寫他呢？這個即時出現的「更正」令我很吃驚，卻也引發我的好奇。如如住在國外，但我覺得好像小寶正在看著我打字，關於他的事，不能隨便。靈魂／高我顯然是不受特定地點約束，可以同時在多處出現的。

小寶的高我表示為了我的書寫，他樂意接受我訪問。我太驚喜了，緊抓住這個機會請教他一些關於靈魂和人格之間的事。無形的和有形的自己，究竟有沒有可能整合在一起，完全心意相通呢？

以下的採訪，都是透過如如的感應來進行訊息傳遞。我先提出問題，她等待小寶去上學的空檔，再連結小寶的高我，慢慢回覆我。如如說，她幾乎都是一看到問題，小寶的高我就立刻給她答案了，但是，她有時候還無法理解這個答案，需要一段時間消化，才能轉化為言語文字表達給我。而且，我為了確定如如的回答真的是來自小寶的高我，我用能量測試自己的高我，這篇採訪傳達的準確度高達 99%。我覺得 1% 的誤差是可以接受的。

以下是我跟小寶的高我的訪談紀錄：

問：你會和目前正在長大的小寶的人格意識溝通嗎？你會試圖影響小寶在地球的決定嗎？還是放任他自己去體驗一切？

答：我會跟小寶的地球人格在睡覺時，透過他的潛意識溝通。所以他的表意識不會記得。我在地球上有很多事要做，所以我的靈魂整體不是隨時跟小寶在一起。小寶是我靈魂的一部分，如果他的決定會大幅偏離原本的計畫的話，我才會阻止他，但目前尚未發生這樣的情形，所以主要是讓他自由體驗他想要的生活。

問：你來地球的使命是什麼？什麼吸引你來地球？這是你第一次有「形體」嗎？

答：我來地球主要的使命是幫助這次地球的揚昇，我們有很大的團隊一起前來。有一部分以人類的身分誕生，也有以動物、植物、昆蟲的形體誕生在地球的，還有很大多數是以能量體的方式存在。我們會前來的主要原因是因為蓋婭[23]發出請求，蓋婭想擺脫一直糾纏著她的黑暗勢力。當然地球的食物也是吸引我的一個原因，畢竟只有地球有食物，我從前是以吸收光來補充能量的。我一直以來是以光體的形態存在，這是我第一次擁有三維的肉體。

問：靈魂為何沒有辦法在一出生的時候，就和地球人的意識保持密切聯繫，譬如你可以呈現為小寶內在的一部分那樣跟他對話，或者，就如同你和小寶的媽媽溝通那樣？

答：這是為了避免小寶產生混亂。在他的自我人格成熟穩定之

23　蓋婭（Gaia），是希臘語「大地女神」的意思，後來被用來稱呼大地之母、地球。

前，小寶很難區分他跟我的差別，如果冒然地跟他溝通，可能會造成精神方面的疾病。等到他準備好，我就能跟他溝通，但現在還不是時候。

問：你是直接跟如如的地球人格溝通，還是通過如如的高我溝通，再轉達給如如的地球人格？

答：我是直接跟她的地球人格溝通，如如和她的高我還沒完全接軌。

問：身為小寶的高我，你有情緒嗎？有偏好嗎？因為衣服鞋子食物這些，都是物質層面的東西，你為何會想要幫媽媽挑衣服鞋子？之前，你並沒有這些物質世界的經驗啊？你的「美感」是如何在地球發揮作用？（這個問題其實是兩個問題的集合，因為如如回憶起她懷孕時，若去買衣服，會感受到肚子裡的寶寶有許多意見，建議她該選的衣服和鞋子。寶寶的高我似乎不希望她穿著太邋遢。）

答：我們靈魂沒有喜怒哀樂等地球人的情緒，一直是處在一種祥和的狀態。我偏好地球的水果。我的排名是：芒果、水蜜桃、草莓、哈密瓜、西瓜、葡萄、蘋果、奇異果、橘子、香蕉。關於我的美感，在計畫要誕生到地球時，我就下載了阿卡西紀錄[24]，研究地球的穿著。我不希望我媽媽隨便穿，畢竟她

24 阿卡西紀錄（Akashic records）是宇宙的生命資料庫，被編碼在乙太體，坊間有專門的課程教人如何取得並閱讀自己的阿卡西紀錄。

等於是我的一個代表。

問：你說你跟了如如十年，才誕生到地球，這十年你在學什麼？觀察什麼？你會猶豫要來地球的決定嗎？

答：這十年我很忙碌，畢竟我是第一次誕生在地球，有很多準備工作要做。要讓我的媽媽以及她的家族去上課，清理累世的個人業力及家族業力。我下載很多阿卡西紀錄，以學習在地球的生活，還有調整地球的能量，讓我以及我的夥伴們能帶著更多的高我的能量誕生到地球。

創傷是靈魂的安排

問：你覺得「小寶」是誰？你怎麼看他？

答：我覺得小寶是我在地球生活很重要的一個身分認同，我們就像夥伴關係，缺一不可。

問：小寶什麼時候才會和你完全連線？他要能夠清楚意識到你在他的地球人格的身體裡，需要什麼條件嗎？

答：小寶要能跟我連上線需要他體驗足夠的地球生活，並對我的存在產生好奇時才會發生。連線會是漸進式的。我的能量大於他的身體，所以當我們在一起時會是他的身體被包覆在我的能量之內。

問：如果小寶日後有了認同方面的錯誤認知，或人世遭遇的創傷，

就像我的許多個案那樣，高我會設法影響他或拯救他嗎？高我什麼時候才能出手干涉？還有，若是心理創傷太過劇烈，會因此阻斷自己的高我訊號嗎？或是收訊不良嗎？

答：一個人會有什麼創傷要看他靈魂的安排。靈魂之所以安排創傷是因為有需要從中學習的功課。目前小寶還沒有這樣的計畫。高我要能出手幫助，必須要有本人的意願。會去尋求老師（按：如如的高我和如如一起稱呼我為「老師」）協助的人都是有意願的人，也可以說他們是受到高我的影響才會去找老師的。如果創傷太劇烈，是有可能收不到高我的訊息。但是高我的訊息並非唯一解救的方法，所以不必擔心。就算收不到高我的訊息，創傷也是可以被療癒的，這就是能量心理學的有趣之處。或者說，療癒越多的創傷，就越能在表意識上跟高我溝通。

問：你選擇如如當媽媽，是基於什麼條件呢？頻率？家庭的業力平衡？學習資源？或其他？如如的靈魂也有參與嗎？

答：我是以潛在的可能性來挑選我的媽媽。當然我跟她的高我本來就有點淵源。其實她本來的人生計畫並沒有要結婚生子，我們得改變她原本的計畫以配合我的劇本，而她的高我也同意這麼做。她必須乖乖去上課清理自己以達到我所需要的頻率，如此我才能降生在地球上。媽媽整個家族的接受度也是一個考量的要點，我需要一個對靈性開放並能給予我們支持的家族。當然，我爸爸也是我很費心挑選的，然後設法讓他們能夠在一起。（按：如如所有的家人，都來上過能量心理學的課，是很特別的一個家族，每個人都非常積極在療癒自己，提升自己的靈性。）

問：你是否記得自己之前去過的每個星球？每次被顯化的存在？之前待過的空間或其他次元？

答：我去過無以數計的星球，所有經歷我都一清二楚，靈魂是不會忘掉任何經歷過的事。我待過其他次元，但是空間是只有地球實相才有的概念，其他次元是沒有空間這個概念的。

問：我對靈魂的理解是，靈魂可以同時出現在多處（NON-LOCAL），有多個分身。所以你的整體靈魂，除了小寶之外，還同時有其他顯化的存在嗎？可能是有形體或沒有形體的存在？我之前曾經讀過一本書，說一個靈魂可以顯化為十二個人格。是這樣的情況嗎？

答：有些頻率較高的靈魂，甚至可以顯化為十五個存在。目前我在地球顯化的人類只有小寶。至於其他的時候，我會因應需要而顯化為不同的存在。

問：你之前曾說，你並不是全部都會待在小寶身邊，只有部分的你是跟他在一起，你的其他部分會去進行別的事，或是顯化為別的存在。請問，你說的存在（BEING）都是在地球這個維度嗎？譬如：你可能會同時成為樹或鳥？或者你也可能離開地球到別的星球，在不同的維度存在著？雖然你說你目前

在地球，只有小寶這個人格，那麼是不是也有其他靈魂，同時間在地球，可以化身為兩個甚至三個人格呢？

答：我在地球以外的其他存在，的確是在其他星球，也有部分在平行宇宙中。一個高我確實有可能同時顯化為樹跟鳥的存在，也可以同時顯化為兩個或三個人格。高我會受地球影響的部分，只有化身為地球人格的那部分，其他部分是不受影響的。地球人格受到的影響是遺忘，忘了自己從何而來，忘了自己與神以及世界萬物的連結，這就是所謂的穿越帷幕。

問：所以小寶的地球人格這一部分的高我，有沒有可能穿越帷幕和小寶其他部分的高我取得聯繫？不管他其他部分的高我是在平行宇宙，還是其他星球，還是此刻在同一個地球？

答：應該這麼說，在帷幕之內的只有地球人格的部分，高我和其他顯化的存有的意識都是相通的。

靈魂／高我住在心的能量場裡

問：有什麼是你想跟我的讀者分享的？

答：學會愛自己本來的樣子。人在長大成人的過程中，有太多的束縛加諸在身上，讓人一再委曲求全去迎合外在的價值觀，因此而迷失了自己。沒有任何事情比一個人的幸福快樂更重要，這是所有地球上的人應得的權利。學會傾聽自己內在的聲音，去創造自己想要的生活。

問：我的冥想老師說，靈魂／高我，是住在心裡面（心的能量場），所以如果心很清澈，就可以反射出靈魂的光，你同意這個說法嗎？是透過心，靈魂讓我們感知它的目的和欲望嗎？

答：妳的冥想老師是對的，靈魂／高我的能量是在心的能量場裡。透過心，靈魂讓我們感知祂的渴望——比起目的和欲望，我覺得用渴望這個詞會比較貼切。心的核心的確是內在靈魂之光的所在。

問：一個人要如何和自己的靈魂／本質連線，可以透過什麼管道嗎？有什麼練習是可以加強連線嗎？還是聯繫會主動出現？

答：一個人要能和自己的靈魂／本質更好的連線，需要透過不斷的清理，像 TAT 和 LCT（生命中心療法）就是很好的工具。但是，「連線」只是清理自己之後的附加結果。如果太過執著於和高我連線這個目的，就本末倒置了。重點在清理自己，連線只是結果。清理得越多，連線就會越清楚。但是要「完全連線」基本上就只有回「天家」的時候了。（後來小寶的高我解釋，「回天家」的意思是人類在肉體死亡時，地球人格的靈魂會回歸高我靈魂，屆時自然就全然融合，必然完全連線。）

問：能夠和靈魂完全連線，讓靈魂全然在身體裡同步出現，就算是無法達到的理想，但是卻是心的渴望，渴望能透徹看見自己的本質，這促成我們想清理自己的動機，不是嗎？

答：應該如此說吧！感知靈魂的渴望和跟高我連線是兩件不同的

事。清理自己愈多就愈能感知靈魂的渴望，知道自己真正想做的事是什麼。但是要和自己的高我暢通無阻的溝通則是另一回事，而且這對大多數的人來說是沒有必要的。只有少數的人需要直接從高我那裡得到指引，這種情況發生時，高我會主動聯繫。

問：隨著地球頻率的改變、揚昇，是否會有更多的母親會可以直接跟嬰兒的高我溝通？

答：隨著地球的揚昇，不只是有更多的母親能跟胎兒溝通，人類也會能夠跟其他的動物和植物溝通，人類會進入意識的開花期。我來到這裡，也是為了幫大家做一點小小的心理準備。之後的地球，會超出所有人的想像。

問：當地球人格的靈魂在身體死亡後，回歸高我的時候，這個旅程會繼續回到源頭，和源頭合一嗎？還是，只會跟高我靈魂合一，而高我靈魂會繼續祂下面的計畫？高我靈魂何時會跟源頭合一？

答：當肉體死亡時，人格靈魂會回歸高我靈魂，人格靈魂這一生中的體驗／資訊會匯整到源頭去，但是高我靈魂還不會跟源頭合一，高我靈魂會繼續下一個旅程。高我靈魂會跟源頭合一，只有在千千萬萬的世界有了足夠的體驗後（各個星球，各個宇宙，各種生命形態）。

問：所以說高我靈魂就算暫時不會合一，他所分身出去的所有人

格靈魂，或非人靈魂的經驗資訊還是一直同步彙整回源頭。這樣對嗎？

答：是的。我之前的說法有些錯誤。所有的經驗資訊是同步彙整回源頭的，在經驗的每一個當下。

問：我有兩個問題，（1）要讓人類的經驗／資訊，同步彙整回源頭，有需要什麼先決條件嗎？譬如：臨在（PRESENCE），覺知的狀態？或者，這些都不需要，就算是我們不自覺的狀態，經驗的資訊也會自動上傳？（2）所以，我們所有的經驗，包括快樂或悲傷，勝利或創傷，就算是還沒有療癒的一切都會上傳嗎？還是只有已經被一個人整合或療癒的經驗才會上傳？高我會篩選嗎？

答：所有的經驗都會自動上傳，沒有任何的條件。所有的經驗都是很寶貴的資訊，靈魂沒有在區分好的與壞的經驗。

靈魂的行前準備

這個意外的訪談，其實並不全然是意外。十多年前，小寶的高我就讓我見識到他還在如如肚子裡時，就可以和如如聊天，因為那時候如如還在跟我上課和諮商。這是我們如今這個對話的伏筆。或許，他已經預見我們多年後的對話？

和小寶高我的對話，解開了我許多疑惑，雖然這個採訪在我原本的寫作計畫之外，可以說是「番外篇」，然而我覺得這裡披露的訊息，真的為我們開了一扇門，光是了解所有的生命都是帶著靈魂的渴望而誕生的，就令人安心。靈魂甚至為了自己要來地球誕生這件事，很慎重的準備、學習，安排種種「巧合」，選擇自己的爸媽，以便達到他來地球的目的。

普蘭·貝爾曾在文章當中這麼形容靈魂的「行前準備」：

通常，靈魂會開始通過甚至還沒有在一起的父母來為出生做準備。正是未出生的靈魂對生命的渴望，創造了將父母吸引在一起的激情。有時靈魂可以預見，在一個離婚或死亡事件之後，一個理想的父母會出現。但是，如果被選中的父母不合作的話，靈魂就不得不做出另一個選擇。最好的父母通常有一長串排隊等著想要出生的靈魂，因此他們之中大多數會感到失望。

我們的生命絕對不是什麼偶然蹦出來的東西，也不是來到人間才開始尋找意義。就某種程度而言，這個意義在我們決定要來地球經驗人生之前，就已經存在了。希爾曼所說的靈魂藍圖／橡實，或哈茲若·音那雅·康所說的神聖的存在於你心中播下的種子，或許可以被理解為靈魂決定要和他所形成的地球人格，一起完成的事吧！一個是設計者，一個是執行者。但是這個藍圖，正在執行的人一般看不到，我們好像是被蒙在鼓裡，卻被生命浪潮推著，有時前進、有時後退、有時遍體鱗傷、有時滿心喜悅，不僅目標並不明確，時不時還有滅頂的恐懼。

我們就這樣憑著一點直覺，加上心中湧上來的渴望，繼續慢慢把自己的人格建構起來。聆聽自己的內心，是個了解自己最重要的練習。

小寶的高我說了，一個靈魂可以顯化為許多不同的存在。所以，萬物皆有靈。不只是人類的靈魂有備而來，動物的靈魂也是有計畫的，祂們可以選擇當不同的動物、植物，在空中飛，在水裡游。貓咪可以當狗，狗可以當美洲豹，美洲豹可以當松樹，松樹可以當海豚。這是靈魂擴展自己潛力的學習方式。

我想，我靈魂的整體，是不是有些部分正在飛翔，或正在潛水，或正在另一個次元冥想著我。

我想到，莊周夢蝶的故事。莊子真的是智者，他早在幾千年前，就明白靈魂的流動性。

第五章 成為自己的深練習

知道「我是誰」，是最徹底的心理療癒。

——楊定一

韓劇《我的出走日記》裡，美貞說了令人低迴不已的一段話，是全劇中心思想：

我小時候去上教會時，都會被要求先寫下想禱告的事。我看到朋友們寫的，都會想他們為什麼要祈禱這些？成績、理想的學校、人際關係，他們竟然只求這些，對象是神耶，祂是神耶！我只想知道一件事，我是誰？我為什麼會在這裡？一九九一年以前沒有我，五十年後大概也沒有我，但我卻感覺這段時間的前後，好像都會有我的存在，彷彿我永遠都會在。

我覺得人都是傀儡，不知道自己是誰，只是一直在演戲的傀儡。或許從某個角度來看，那些過得健康又開心的人，說不定只是選擇不去糾結這些疑問。再用「人生就是這樣」的謊言妥協。我絕不妥協，我不要死後才去天堂，我要活著見到天堂。

發現自己想要成為怎樣的人

但是，如何知道「我是誰？」「我為什麼會在這裡？」這些關鍵問題，無法一言以蔽之。因為我們對自己的定義，一直隨著我們的認同、理解世界的方式而變化著。我們並不是帶著問題的答案誕生的，而是在誕生之後，開始回頭去追尋答案。

發現自己可以成為怎樣的人，想成為怎樣的人，甚至真的慢慢成為那個人，是我們一輩子最重要的旅程。

你不是你以為的那個人；你比你想像的更精彩。然而，你的想像力受限於你對生命的理解與實踐（realization），而你對生命的理解與實踐又受限於你的認同。那麼，我們如何跳脫這些限制，突破這些關卡呢？

——普蘭．貝爾

如果把這段話，倒過來看，就知道普蘭．貝爾把自我的認同擺在最重要的位子，因為造就你人生的一切由此而來。你的認同限制了你對生命的理解與實踐，你對生命的理解與實踐也正在約束你對生命的想像。

這也是為什麼哈茲若．音那雅．康說：「讓天堂反映在地球，讓地球變成天堂。」

天堂不是在我們的存在之外，也不是死後才要去的地方。只要我們能夠在此時此刻記得我們的本質，讓靈魂的光從心發射出去，我們所在之處就成為天堂。

所以，美貞說我要活著見到天堂，這並不是不可能的事。

每個靈魂的光都是特定的，獨一無二的組合頻率。我們為這個世界帶來我們獨特的光。而且所有個人的靈魂之光，匯聚而為合一之光。我們是來此體會如何透過個體的豐富多樣性，體現合一。

破碎的心就如破碎的鏡子

從第一部所討論的認同創傷的案例，我們知道對自己的錯誤認同雖然形成一種保護，然而要付出好大的代價，其中最大的代價是隔絕了我們的自由和潛力；對自己錯誤的想法，綁架了我們對生命的實踐可能。

要發現自己是誰，如果能夠先發現自己不是誰，我們的工作，就完成了一半。藉由不斷地清理自己，逐漸放下自我設限的一切，讓心如明鏡，沒有塵埃，自然反射出靈魂之光。靈魂之光會引導我們去完成我們來地球誕生的目的。

療癒心的傷口，也是轉變自我認同的關鍵。一個碎裂的心就像一面破碎的鏡子，只能反射出被扭曲的自己。這樣的心所產生的認同也都會是扭曲的認同。所以，療癒自己的創傷就是在轉變認同，不論它們是對應到哪個時空的故事，一旦能夠整合創傷，釋放心中的糾結，心就能夠恢復活力。有活力的心，可以駕馭我們的思緒和身體，而且豐富的感受力也成為創造的基礎。

接下來的另一半工作，就是發現自己真正是誰，我們渴望成為怎樣的自己？第三部的前面幾個篇章，希望能夠找回我們對自己的存在的想像，尋回本質。

下面所提出的幾個練習，則可以用來強化覺知，轉化認同，擴展自我的意識。

I. 調節呼吸和心跳，鬆開慣性

從心跳和呼吸下手，可以改變你存在的基礎。雖然很細微，但這是你每天都要持續做的活動，所以如果時常帶著覺知去做，可以積少成多，有一天你會發現自己的想法和行為不知不覺轉變了。

首先要讓呼吸是有意識的，先觀察你自己的吸氣和吐氣，是哪一邊比較長？你偏好吸氣還是吐氣？一般而言，我們能夠做得比較長的，就是我們所偏好的一方。然後，練習讓每一口吸吐都是全然飽滿的，吸到底、吐到底。這就像我們對生命的態度，全然地接受，全然地給予。

有些人很能毫不費力吸好大一口氣，但是吐氣很困難，一下子就沒氣；有些人則是吐氣源源不絕，但是吸氣十分淺短，一下子就到頂。

這些不自覺的呼吸習慣，其實說明了我們的心理狀態。

喜歡吸氣的人，比較容易接收外在的影響，聆聽別人。然而如果是吐氣淺短，可能意味著自己感覺很脆弱，內在有匱乏感，不太敢把自己全部給出去，表達自己也會緊張。常感疲憊，精力耗盡；於是，吐氣時，總是會不自覺保留一些氣，沒有清空肺部，會影響接下來的吸氣的量。

喜歡吐氣的人，比較容易影響別人，表達自己。然而如果是吸氣淺短，意味著難以接受外在的資源和協助，內在有無價值感，覺得自己不能要太多，否則可能會被批評或排斥，所以吸不到什麼氣，不能補充精力，相對之下，給予對他而言相對安全和容易。

一旦覺察到自己吸氣吐氣是不平衡的狀態，可以練習用數心跳或脈搏的方式，來覺察自己在兩者之間的差異。然後，不要停下來，繼續呼吸，讓比較長的那一端來配合比較短的那一端。譬如，你的吸氣比較長，你就盡可能讓吸氣長度變短一些，跟上你的吐氣；如果你的吐氣比較長，你就盡可能把吐氣的時間縮短，好讓呼氣跟你的吸氣一致。這樣的改變帶著鼓勵的意味，先求取能接受和給予的均衡，但是，呼吸的容量沒有改變，只是時間的長短調整而已。根據實驗的觀察，如果能夠使吸吐變成「吸氣長度八下心跳，吐氣長度八下心跳」，我們的心跳和呼吸協調一致的結果，會帶來穩定的力量。

雖然這樣的呼吸不是你的日常習慣，但是經常這麼做，有一天你發現完全不費力就可以吸吐均衡，這時候你內在的模式也不知不覺鬆動了。

如果，能夠全然地吸氣和吐氣，你的能量會增強。你對生命的態度會轉變。

從呼吸開始，轉變自己成為是既可以接收、也能夠給予的人，接受是陰，給予是陽，陰陽調和，加上在呼吸的時候，總是想著心，所以這正是身心智合一的練習。你的心會開始領導你對自己的生活的想像。你的頭腦和身體都會跟隨你的心。

既是醫師也是身心靈治療師的狄帕克・喬普拉（Deepak Chopra）說：「意識是現實的創造者。」我再同意不過。

一個事件，我們每個人會因為意識的頻率高低不同，而看到不同的實相（reality），唯一實相當中擁有所有可能的維度（dimension）；透過我們所關注部分，我們與那個維度共振，可以讓那個維度變為現實。這是因為我們的意識（能量）決定了我們的觀看角度，我們便選擇，創造了我們的「實相」。

譬如，一個人沒有考上他想要上的大學，這時候出現許多的可能性，他可以決定去一個新的國家打工換宿，獲得一些生命經驗；他可以一蹶不振，懊悔自己考數學時寫得太慢；他可以責怪父母沒有讓他去補習數學，把過錯推給他們；他可以立刻決定重考，再花一年時間準備；他也可以鬆一口氣，因為他本來就不太知道為什麼要去讀大學，他決定停下來，選擇讀另一種專職學校，學習當一位廚師。每個選擇都會帶給他完全不同的實相，還有人生經歷。

然而，想要轉變意識，需要許多能量。透過正確的呼吸，帶給我們能量。

不僅如此，我們也可以透過呼吸，來彌補我們所欠缺的面向。譬如：當你需要樂觀和勇氣，你可以使用「向上的呼吸」，來提升你的心。當你想要與人連結，你可以使用「向下的呼吸」，來幫助你更柔軟而且有同理心。這些更進一步的練習，在普蘭・貝爾的《你的心就是宇宙》一書當中，都有詳細的解說。

2. 觀想你所欣賞的人，喚醒相似的特質

有時候，我們會發現自己非常欽慕某個人，那其實是因為他呈現出你內在隱藏的特質，只是這些特質在你身上尚未顯現出來，

你還得要培養它、喚醒它。因為如果你完全沒有這些特質，你不可能會認出另一個人的特質。所以我們看見的與其說是那個人，不如說是我們希望成為的自己。

我記得高中的時候，有一天在等公車時，遇見一個大姊姊，長髮披肩，安詳美麗，她全身散發出一種令人想要親近的優雅和諧氣質。我當下被震攝住了，不由自主地愛上她。如今想來，她代表我理想的典型。我年輕的時候個性孤傲急躁，然而我心中的理想是那個安詳美麗的存在。雖然我再也沒有見過她，但是對我而言，如果有天使，就是那個樣子。

或者，你曾經被某人不顧一切的勇氣深深吸引，或許，你讚歎的是別人很自然流瀉的幽默。無論如何，在你被他們吸引的同時，你內在的勇氣或幽默正在甦醒，它們需要一個引線來點燃，這是你的內心所渴望擁有的特質。

這時候，你可以觀想這個震懾你、吸引你、讓你欽慕的人，利用冥想推波助瀾，喚醒你內在相似的特質。

「觀想」的意思是，你把自己的一切認同放一邊，迎接你所觀想的人的心進到你的心，然後，想像自己像是「穿上一個人」那樣，穿上他／她的身體。感覺到你從心到身體都成為他／她，感覺他／她的狀態和特質，請注意觀想時內在出現的影像、情緒感受、身體知覺。

3. 體驗自然的無限，認領自己的無限

不僅是觀想人，我們也可以使用觀想自然的事物，來擴展自己

內在的意識。譬如，觀想日出，讓你的心成為如太陽一般的存在。你可以從清晨太陽最柔和的光，到綻放曙光，冉冉上升之際，觀想太陽來到你心中，好像你就是太陽，如太陽一般的溫暖明亮，向四周發射源源不絕的光芒。在觀想當中，你整個人會被提升，與太陽合而為一，你成為照亮宇宙的存在，甚至你也可以和太陽交換能量，這樣的交流會激發出崇高的理想、激越的勇氣。使用這個對太陽的認同，日積月累地養成你的人格。太陽所輻射的光芒，跟我們的生命息息相關，普蘭・貝爾認為陽光攜帶著資訊，可以更新我們的 DNA。

我在僻靜當中，最享受的活動是日出冥想，和太陽交融是極致的淨化，讓你整個人都發光，胸懷開闊，能量飽滿，可以一整天都不累。

人格的養成是一種藝術。漸漸成為自己想成為的那樣的人，也就是允許自己的橡實依照它的樣子長成你的靈魂渴望的模樣。

你可以想像，如果你繼續觀想其他事物，譬如月亮或玫瑰，便會帶來陰性能量的柔美和諧，醞藉之光，安靜或芬芳。如此這般，透過練習，可以藉由你所觀想的自然事物來擴充你的特質，慢慢產生質變。逐漸地，你將會發現你成為一個擁有許多美好特質的存在，你對自己的想像是不可拘束的，你的存在是不受限的。

一般的心理治療都是幫助我們覺知自己承襲了爸爸、媽媽、朋友或社會的認同價值，進而放下這些加諸於自己的外界認同帶來的壓力。然而這裡所提的練習是反其道而行。它利用直接觀想自然的無限與遼闊、自然中美麗的事物，來重塑自己的認同，提升我們對自我的感受。

透過練習體驗無限的特質，來認識自己無限的屬性，將帶來自我認同的變化，以及永不枯竭的精神資源。

4. 接受全部的自己

練習接受全部的自己，是認識自己一個重要的開端。不僅是自己認為好的部分，也包括自己認為不好的部分。其實，所有的「不好」很可能都帶著心中的特質，只是被不當的表達、壓抑或扭曲。

譬如：一個人的恨，可能是因為迫切想要的愛失落了，被拒絕、被奪走，而轉為恨。在恨的根源，其實是對愛的迫切渴望。一個人的憤怒，很可能是希望得到的尊重、聆聽、或支持卻被詆毀或忽視，在憤怒的根源，可能很渴望自己被接納、平等與人連結。而恐懼可能是害怕自己不安全，然而真正渴望的是無論在哪裡都能安適自在。

正如普蘭・貝爾所說：「自我的完整性包括你的所有面向，不排除你的任何部分。你自己的每一個面向都在某種程度呈現和表達了你內心的特質，內心的特質則源自於你的靈魂。所以你的自我出現在你的好惡，你的興趣和熱情，你的想法和感受，你的希望和恐懼中。」

為了更深刻而且全面地了解自己，我們先練習接納全部的自己。帶著自覺而不是罪咎感，觀察自己，在負面想法、情緒、批判自己或別人的聲音一擁而上的時候，練習臣服，與自己同在，這會幫助我們的身體和心理釋放長年累積的壓力，而且內心最真實的感受便有機會顯現出來。

一開始，頭腦會湧出「我應該如何」的自責，「我不夠好」的撻伐會接踵而至，這時候，繼續觀察這些想要搪塞自我了解的聲音，不要分析或推開它。逐漸地，它們會如浮雲飄走。某一天，你會「知道」你所扭曲的本質底下是什麼，而且你可以帶著覺知去培養這個本質，讓它在你身上自然呈現。

譬如一個人的特質具有很高的理想性，如果這個特質被扭曲，可能會讓這個人變得自視甚高，難以跟同伴合作；或是變得憤世嫉俗，高處不勝寒。因此，如果這個人只看到表象，會覺得自己很驕傲、很難搞。然而如果他同時能夠發展寬容與耐心，他就可以認可他的理想，同時與人合作，以他的理想激勵同伴，而不是批判和遠離同伴。

人格是我們自己打造的藝術品

一個人的人格，是由培養心的各種特質，慢慢塑造出來的一個藝術，是我們這輩子最後的一個成品。因為當我們心的特質，全然體現為人格，靈魂也就在人間重生（rebirth）。

第一次，我們離開媽媽的子宮，誕生的是我們的個體；第二次，當我們終於在生活中體現心的品質，顯現靈魂的精神，我們會轉換我們觀看的方式，經驗到一個和先前完全不同的世界，我們的「真實」也隨著人格而改變。這是彌足珍貴的重生。

「心理學的角色，是扮演人格花園的園丁──不是畢馬龍[25]。」維拉雅．音那雅．康說：「因為，暴力始於渴望一個人變成你要他成為的樣子。」

這裡所說的「暴力」，我在個案的創傷養成當中有數不清的見證。這些暴力雖然比起肢體暴力較為隱而不顯，但後果恐怕更為深遠。

我們要避免對別人施加這樣的暴力，也要避免被別人施加這樣的暴力。

生命是不可思議的禮物

日本物理學家加來道雄在《神的方程式》一書，探討當今存在的萬有理論，想要解開「世界是以什麼組成的」的終極命題，他最後提出「人擇原理」：

> 人擇原理實際上容許我們解釋一種很奇特的，有關於我們的宇宙的實驗性事實：那項事實就是，自然基本常數似乎經過微調來讓生命得以存續。物理學家弗里曼・戴森（Freeman Dyson）便曾寫道，宇宙彷彿知道我們就要來臨。比方說，倘若核力再稍弱一些，太陽就永遠不會點燃，於是太陽系就會變得黑暗。倘若強核力再稍強些許，那麼太陽早在幾十億年前就已燒盡。因此核力是調校得恰到好處。
>
> 相同道理，倘若重力再稍微弱了些許，或許大爆炸就會落得大凍結下場，以一個死寂、寒冷的膨脹宇宙告終。倘若重力再稍強

25　畢馬龍（Pygmalion）是古希臘神話中一位精於雕刻的國王，他塑造了一座美麗的少女雕像，並深深地戀上了他創作的這個少女。他將這座雕像視如真人，且立下誓言要與之長相廝守。這裡的意思是，讓一個人變成你預期中的樣子。

一些，或許我們最後就會落得大崩墜下場，而所有生命也都已經遭火焚死滅。不過由於我們的重力恰好容許恆星和行星形成並存續夠長時間，於是生命也得以泉湧而出。

我們可以羅列出好幾起這種讓生命得以出現的偶發事件，而且每次我們都位於恰到好處的合宜地帶。所以宇宙是一場豪賭，而我們是贏家。

然而，最讓我心有戚戚的是他最後寫出既科學卻又無比詩意的這段話：

宇宙是一處非常美麗、有序又很單純的地方。有種現象讓我大受震撼，那就是物理宇宙的所有已知定律，可以完整地概括寫在一張紙上。那張紙上會包含愛因斯坦的相對論。標準模型就比較複雜，占用了那張紙大半篇幅，羅列出五花八門的次原子粒子。那批粒子能描述出已知宇宙的一切事物，從質子內部深處到可見宇宙的最外緣邊界。

考慮到那張紙是這麼的簡短，我們很難避開一個結論，那就是這完全就是事先規劃的，它的優雅設計證明了，有位宇宙設計師出手介入。在我看來，這是上帝存在的最確鑿論據[26]。

所以，不管我們此刻正在高峰或低谷，讓我們不要忘記地球的存在是奇蹟，而我們具有意識的生命是個不可思議的禮物。想想看，從多重宇宙的觀點，我們的宇宙此刻正和浩瀚數量的死寂宇

26 引自《神的方程式：對萬有理論的追尋》（*The God Equation: The Quest for a Theory of Everything*），加來道雄著，時報出版。

宙並存，而你我「碰巧」出現在這個一切都「恰到好處」，得以孕育生命的地方。

「我」是誰？哈茲若・音那雅・康一百年前便替上帝傳話了：

「我」是上帝自己……我睡在礦物中，我拌進植物裡，我在動物中做夢，我在人當中醒來，誰才是「我」？這是上帝說的。

我們既然醒來了，就不要再沉睡。每一個人都自然而然成為自己就好，不要缺席。

因為，你是無比神聖的存在。上帝在你的心烙上封籤，只有你能開啟。

延伸閱讀

- 《怨念的毒情緒，使你傷更重：學會原諒，把不對的人請出生命之外，才能找回內心平靜與自在》（2022），杉山崇，方言文化。
- 《你發生過什麼事：關於創傷如何影響大腦與行為，以及我們能如何療癒自己》（2022），歐普拉．溫芙蕾、布魯斯．D．培理（Oprah Winfrey & Bruce D. Perry），悅知文化。
- 《第一本複雜性創傷後壓力症候群自我療癒聖經：在童年創傷中求生到茁壯的恢復指南》（2020），彼得．沃克（Pete Walker），柿子文化。
- 《媽媽，我原諒妳。：掙脫負面循環，撫平母愛枷鎖給的傷與痛》（2019），タツコ マーティン，台灣東販。
- 《敲醒生命自癒力：思維場療法應用指南》（2019），珍妮．湯普森（Janet Thomson），心靈工坊。
- 《原諒自己》（2018），張鴻玉，賽斯文化。
- 《從創傷到復原：性侵與家暴倖存者的絕望與重生》（2018），茱蒂絲．赫曼（Judith Herman），左岸文化。
- 《深井效應：治療童年逆境傷害的長期影響》（2018），娜汀．哈里斯（Nadine Burke Harris），究竟。
- 《重建生命的內在模式：看明白過去的傷，生命就有新的出路》（2018），傑弗瑞．楊、珍妮．克露斯克（Jeffrey E. Young & Janet S. Klosko），天下雜誌。
- 《心靈的傷，身體會記住》（2017），貝塞爾．范德寇（Bessel van der Kolk），大家出版。
- 《依戀障礙：為何我們總是無法好好愛人，好好愛自己？》（2016），岡田尊司，聯合文學。
- 《寬恕，原諒你自己：高山上的16堂人生智慧課》（2016），哈維．伊里翁多（Javier

Iriondo），平安文化。

- 《這不是你的錯：對自己慈悲，撫慰受傷的童年》（2016），貝芙莉・英格爾（Beverly Engel, LMFT），心靈工坊。
- 《你的心就是宇宙：從心的四度空間開展無限潛力》（2015），普蘭・貝爾、蘇珊娜・貝爾（Puran & Susanna Bair），心靈工坊。
- 《愛是有道理的》（2014），蘇珊・強森（Dr. Sue Johnson），張老師文化。
- 《治癒生命的創傷：圓滿走過寬恕，心靈不再痛苦》（2012），林瑪竇、林丹尼斯（Matthew Linn & Dennis Linn），啟示。
- 《與過去和好：別讓過去創傷變成人際關係的困境》（2012），大衛・里秋（David Richo），啟示。
- 《療傷的對話：怎麼說才能安慰他》（2011），南絲・格爾馬丁（Nance Guilmartin），商周出版。
- 《愛他，也要愛自己》（2002），貝芙莉・英格爾（Beverly Engel, LMFT），心靈工坊。

我們本就是靈性的存在，來世上體驗人的生活。

國家圖書館出版品預行編目（CIP）資料

認同創傷：拆解自我認同迷思，成為真我的深練習 /
王曙芳著. -- 初版. -- 臺北市：心靈工坊文化事業股
份有限公司，2022.11
面；　公分. -- (Holistic；151)
ISBN 978-986-357-257-2(平裝)

1.CST: 行為心理學 2.CST: 自我實現

176.8　　　　111017809

HO 151

認同創傷

拆解自我認同迷思，成為真我的深練習

IDENTITY TRAUMA

Deep Practices to Unravel Self Identities and Become Who You Come to Be

作者──王曙芳
插畫・攝影──Morphis

出版者──心靈工坊文化事業股份有限公司
發行人──王浩威　總編輯──徐嘉俊
責任編輯──黃心宜　特約編輯──簡淑媛　美術設計──雅堂設計工作室
通訊地址──10684 台北市大安區信義路四段 53 巷 8 號 2 樓
郵政劃撥──19546215　戶名──心靈工坊文化事業股份有限公司
電話──02-2702-9186　傳真──02-2702-9286
Email──service@psygarden.com.tw　網址──www.psygarden.com.tw

製版・印刷──中茂分色製版印刷事業股份有限公司
總經銷──大和書報圖書股份有限公司
電話──02-8990-2588　傳真──02-2290-1658
通訊地址──248 新北市五股工業區五工五路二號
初版一刷──2022 年 11 月　ISBN──978-986-357-257-2　定價──480 元